MERCI MERCI

À TOUS CEUX QUI SONT CAPABLES
DE PARLER DE NOURRITURE PENDANT
DES HEURES SANS JAMAIS SE LASSER.

À MARGUERITE, LA FLEUR DE SEL DE
MES JOURNÉES, QUI A SERVI DE COBAYE
(SANS TROP S'EN PLAINDRE JE L'AVOUE)
POUR MES DIFFÉRENTES EXPÉRIENCES.

À MARINE & À ROMAIN QUI M'ONT
DONNÉ LA POSSIBILITÉ & LE PLAISIR
DE JOUER AVEC LEURS CASSEROLES.

AUX ÉDITIONS ULMER & À RAPHAÈLE
QUI M'ONT, UNE NOUVELLE FOIS, PERMIS
DE LAISSER LIBRE COURS À MES ENVIES.

CLARA VUCHER

APÉRIKIF

60 RECETTES À PARTAGER

ulmer

SOMMAIRE

AVANT-PROPOS

TOUT LE MONDE S'EST DÉJÀ RETROUVÉ BIEN DÉMUNI LORS D'UN APÉRO N'OFFRANT RIEN D'AUTRE QU'UN BOL DE CHIPS, DES CRUDITÉS & QUELQUES RONDELLES DE SAUCISSON.

AU-DELÀ DES RECETTES, *APÉRIKIF* PROPOSE DES ASTUCES & DES CLÉS POUR APPRENDRE À COMPOSER DES APÉROS CONVIVIAUX EN TOUTE SAISON, AVEC TOUT CE QUE LA NATURE MET DE MEILLEUR À NOTRE DISPOSITION. COMMENT TIRER PARTI DE SON TEMPS PASSÉ EN CUISINE? CE LIVRE REVENDIQUE UNE CUISINE DU BON SENS, AVEC UNE APPROCHE DÉCONTRACTÉE ET DES PRÉPARATIONS FACILES À RÉALISER QUE CHACUN EST LIBRE D'ADAPTER EN FONCTION DE SES ENVIES ET DE SES PROVISIONS.

APÉRIKIF EST ORGANISÉ PAR TYPES DE PRÉPARATIONS DANS LESQUELLES IL NE RESTE QU'À PIOCHER DE FAÇON À POUVOIR FACILEMENT COMPOSER L'APÉRO DE SON CHOIX. PRISES INDIVIDUELLEMENT, LES RECETTES PEUVENT TOUT AUTANT CONSTITUER UN REPAS POUR DEUX. IL SUFFIT ALORS DE LES ACCOMPAGNER D'UNE PETITE SALADE OU D'UNE BELLE TRANCHE DE PAIN.

LES TEMPS DE CUISSON SONT INDIQUÉS DE MANIÈRE À VOUS GUIDER MAIS RIEN NE REMPLACE L'OBSERVATION : TESTER, GOÛTER PUIS RÉ-AJUSTER SONT LES SECRETS D'UNE CUISINE FAITE AVEC AMOUR & INTELLIGENCE.

L'ART DE L'APÉRO

1. PENSER LA BONNE QUANTITÉ

CHAQUE RECETTE PRÉSENTÉE DANS CE LIVRE DANS UNE DÉMARCHE APÉRITIVE EST PENSÉE POUR 6 PERSONNES. CUISINER UNE COMBINAISON DE 4 OU 5 PRÉPARATIONS ISSUES DES DIFFÉRENTES CATÉGORIES CONSTITUERA UN APÉRITIF AUSSI SATISFAISANT QU'ÉQUILIBRÉ QUI SAURA CONTENTER LES ESTOMACS LES PLUS EXIGEANTS.

2. L'IMPORTANCE DE LA VARIÉTÉ

S'IL EST BIEN CERTAIN QU'UN SACHET DE CHIPS ET UN BOL DE CACAHUÈTES SALÉES NE CONSTITUERONT JAMAIS UNE ALTERNATIVE VALABLE À UN REPAS, UN APÉRO COMPOSÉ DE FAÇON RÉFLÉCHIE PEUT TOUT À FAIT S'Y SUBSTITUER. POUR PROPOSER À SES INVITÉS UN APÉRIKIF CONÇU DANS LES RÈGLES DE L'ART, IL EST INDISPENSABLE DE RESPECTER QUELQUES ÉLÉMENTS FONDAMENTAUX :
DES PROPOSITIONS DE DIFFÉRENTES COULEURS, TEXTURES & MODES DE CUISSON FORMENT UN COMBO GAGNANT.
UNE RECETTE SUCRÉE POUR COMPLÉTER LES ASSIETTES SALÉES PERMET DE RECONSTITUER UN REPAS CLASSIQUE.
UNE PRÉSENTATION AGRÉABLE EST LA PORTE D'ENTRÉE D'UN APÉRIKIF MÉMORABLE : PRÉSENTER DES PLATS DE BELLE VARIÉTÉ PERMET DE FAIRE PLAISIR À SES INVITÉS AVANT MÊME QU'ILS N'AIENT GOÛTÉ QUOI QUE CE SOIT.

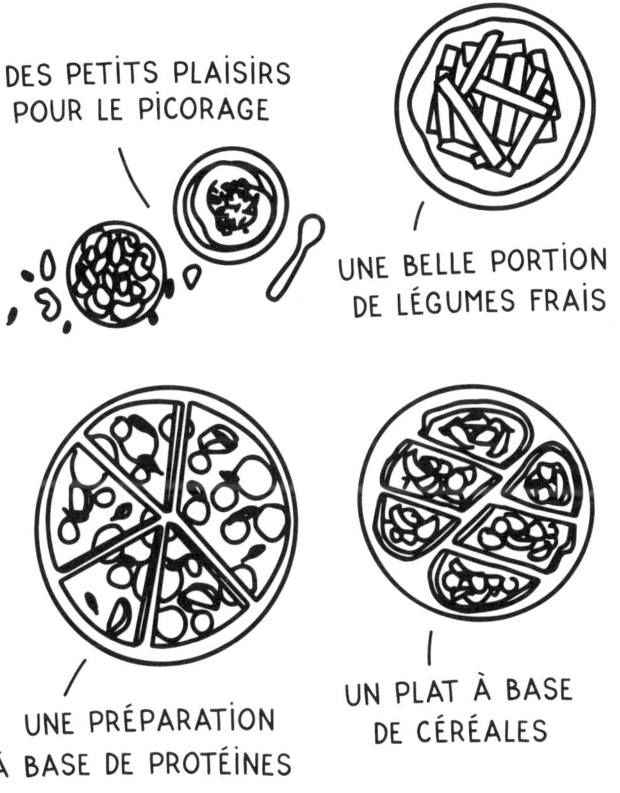

ESSAYER D'INTÉGRER CHACUN DE CES ÉLÉMENTS À SES COMPOSITIONS PERMET DE PROPOSER À SES INVITÉS UN APÉRITIF DUQUEL ILS REPARTIRONT NOURRIS ET HEUREUX.

S'ORGANISER EFFICACEMENT

POUR PRÉPARER UN APÉRITIF, IL NE FAUT PAS PLUS DE TECHNIQUE QUE POUR UN PLAT COMPLET UNIQUE, MAIS SIMPLEMENT UN PETIT PEU PLUS D'ORGANISATION.

1. LISTE DE COURSES

RÉFLÉCHIR À UN PLANNING & À UNE LISTE DE COURSES EN PREMIER LIEU PERMET DE S'ORGANISER DÈS LE DÉPART & DE GAGNER BEAUCOUP DE TEMPS PAR LA SUITE.
LA PREMIÈRE ÉTAPE EST D'ÉBAUCHER UN MENU ORIGINAL EN PARTANT DE CE QUE L'ON A DÉJÀ CHEZ SOI.
PRÉVOIR SES DIFFÉRENTES RECETTES EN AMONT, LISTER LES INGRÉDIENTS & USTENSILES NÉCESSAIRES PERMET D'ÊTRE EFFICACE AU MOMENT DE SE METTRE EN ACTION.

2. MENU & PRÉPARATION

ÉTABLIR UN MENU ASSEZ PRÉCIS (SANS LE GRAVER DANS LA PIERRE POUR AUTANT) PERMET DE CONCEPTUALISER L'ORDRE & LA SIMULTANÉITÉ DE SES PRÉPARATIONS.
TOUTES LES RECETTES PEUVENT ÊTRE SERVIES FROIDES OU À TEMPÉRATURE AMBIANTE & PEUVENT DONC ÊTRE PRÉPARÉES EN AVANCE DANS L'APRÈS-MIDI, LA MATINÉE OU BIEN MÊME LA VEILLE DE L'APÉRO.
DANS CE CAS, IL SUFFIT DE LES CONSERVER (AU FRAIS DANS DES RÉCIPIENTS ADAPTÉS) JUSQU'AU MOMENT DE SERVIR. IL N'Y AURA ALORS PLUS QU'À LES DISPOSER SUR LA TABLE, AVEC OU SANS RÉCHAUFFAGE PRÉALABLE.

3. LE MATÉRIEL INDISPENSABLE

1 PETIT MIXEUR MULTI-USAGES (C'EST LE SEUL APPAREIL UTILE POUR GAGNER DU TEMPS EN PRÉPARATION)

À PART ÇA, ON PEUT RÉALISER TOUT CE QUE L'ON VEUT AVEC LES USTENSILES LES PLUS BASIQUES :

1 COUTEAU BIEN AIGUISÉ & 1 PLANCHE À DÉCOUPER

1 CASSEROLE, SON COUVERCLE & 1 PANIER VAPEUR POUR CUIRE RAPIDEMENT LES LÉGUMES

1 POÊLE POUR LES FRITTATAS, GRILLER DES TARTINES, ETC.

UN FOUR EST TOUJOURS AVANTAGEUX MAIS, SI L'ON EST CRÉATIF, IL EST TOUT À FAIT POSSIBLE DE S'EN PASSER.

UN APÉRITIF SATISFAISANT SE COMPOSE À LA MANIÈRE D'UN REPAS COMPLET

❶ 1/2 DE FRUITS & LÉGUMES FRAIS – 300 G/PERS
(BIO, PRÉPARÉS AVEC LEUR PEAU RICHE EN NUTRIMENTS)

❷ 1/4 DE CÉRÉALES COMPLÈTES – 80 G/PERS
(PAINS, GALETTES, ETC., À BASE DE FARINES VARIÉES)

❸ 1/4 DE PROTÉINES DIVERSES – 50 G/PERS
(DES LÉGUMINEUSES, DES ŒUFS, UN PEU DE FROMAGE)

❹ + DE BONNES MATIÈRES GRASSES
(HUILES, NOIX & GRAINES OLÉAGINEUSES DIVERSES)

❺ & DES SAVEURS ADDITIONNELLES
(HERBES FRAÎCHES OU SÉCHÉES, ÉPICES, CONDIMENTS)

1. LA QUALITÉ DES PRODUITS

CHOISIR DES INGRÉDIENTS DE QUALITÉ & LES PRÉPARER SIMPLEMENT SONT LES 2 SECRETS D'UN APÉRIKIF RÉUSSI.

PORTER UN SOIN TOUT PARTICULIER À LA PROVENANCE DE SES PRODUITS PERMET DE BIEN ET BON MANGER, DE FAÇON ÉCONOMIQUE, SANS POUR AUTANT PASSER DES HEURES INTERMINABLES AUX FOURNEAUX.

EN CHOISISSANT DES PRODUITS BRUTS NON TRAITÉS, EN S'ADAPTANT À SA RÉGION AUTANT QU'À LA SAISON, ON S'ASSURE DES MATIÈRES PREMIÈRES SAVOUREUSES QUI SERONT ALORS TRÈS FACILES À SUBLIMER.

PAS BESOIN DE TECHNIQUE COMPLIQUÉE OU D'ADDITIFS À LA PELLE : UNE CUISSON SIMPLE, AU NATUREL, AVEC UN ASSAISONNEMENT BIEN CHOISI SUFFISENT À FAIRE LA DIFFÉRENCE. UTILISER UNE BONNE HUILE, DIVERSIFIER LES VARIÉTÉS, JOUER AVEC LES CONDIMENTS ET LES TEXTURES FINISSENT D'APPORTER DE LA GOURMANDISE APÉRITIVE SANS ALOURDIR SA DIGESTION NI CELLE DE SES INVITÉS.

FAIRE DES COURSES DANS LES MARCHÉS & MAGASINS DE PRODUCTEURS, LES COOPÉRATIVES SONT DE BONNES FAÇONS DE S'APPROVISIONNER SANS AVOIR À SE POSER TROP DE QUESTIONS. EN ACHETANT SES PRODUITS EN VRAC, ON PEUT NE CHOISIR QUE LA QUANTITÉ DONT ON A BESOIN, TOUT EN PRODUISANT MOINS DE DÉCHETS.

2. BON SENS & SIMPLICITÉ

AU MOMENT DE PASSER EN CUISINE, ON OPTIMISE SON TEMPS EN JONGLANT ENTRE LES PRÉPARATIONS.
ON PRÉVOIT DE PRÉPARER UNE TARTINADE PENDANT QUE RÔTISSENT DES LÉGUMES, OU ON S'OCCUPE DE GARNIR DES TARTINES PENDANT QUE L'ON CUIT TRANQUILLEMENT UNE FRITTATA SOUS COUVERCLE, ETC. SI ON A LE TEMPS DE CROISER LES BRAS, C'EST QU'ON S'EST MAL ORGANISÉ.

UTILISER LA CUISSON VAPEUR OFFRE LA POSSIBILITÉ D'AVANCER SUR UNE AUTRE RECETTE, SANS AVOIR À S'INQUIÉTER DE BRÛLER QUOI QUE CE SOIT (UN MINUTEUR SUFFIT POUR SURVEILLER LA CUISSON).
D'UN AUTRE CÔTÉ, UTILISER LES DIVERSES PARTIES D'UN LÉGUME DANS DIFFÉRENTES PRÉPARATIONS PERMET UNE OPTIMISATION DE SES INGRÉDIENTS TOUT AUTANT QU'UNE ÉCONOMIE DE SON TEMPS (& D'ARGENT).

DE MANIÈRE GLOBALE, TOUT EST AFFAIRE DE BON SENS.
LE MIEUX À FAIRE POUR MENER RONDEMENT SON APÉRIKIF EST DE SE CONTENTER DE PRÉPARATIONS CLASSIQUES EN LES REVISITANT AVEC DES ASSOCIATIONS DE SAVEURS ORIGINALES & UN ASSAISONNEMENT CONSCIENCIEUX.
LA NATURE EST BIEN FAITE ET LES VÉGÉTAUX D'UNE MÊME SAISON SONT FAITS POUR S'ASSOCIER SANS NÉCESSITÉ DE LES TRAVAILLER AVEC DES TECHNIQUES COMPLIQUÉES.
C'EST AVANT TOUT LA QUALITÉ DES PRODUITS QUI FERA LA RÉUSSITE DES PRÉPARATIONS.

DES PLACARDS BIEN REMPLIS

❶ HUILES & CONDIMENTS DIVERS

ILS SONT IDÉALS POUR PARFUMER SUBTILEMENT LES SAVEURS DES PLATS. VARIER LES HUILES (DE 1RE PRESSION À FROID IDÉALEMENT), LES MOUTARDES, LES SAUCES (SOJA, VERJUS, VINAIGRES DIVERS) & LES CONDIMENTS (HARISSA, CÂPRES, OLIVES, CITRON CONFIT...) OFFRE DE LA PROFONDEUR & DE LA COMPLEXITÉ SANS EFFORT.

❷ ÉPICES, HERBES, NOIX & FRUITS SECS

CARDAMOME & CURRY POUR L'INDE, GINGEMBRE & AIL POUR L'ASIE, CUMIN & CANNELLE POUR LE MAGHREB, ROMARIN, THYM & AUTRES POUR LA MÉDITERRANÉE, SUMAC & ZAATAR POUR LE LEVANT... UN BON USAGE **DES HERBES & ÉPICES** (TOUJOURS MEILLEURES FRAÎCHES MAIS DE BONNES ÉPICES MOULUES FONT AUSSI TRÈS BIEN LE TRAVAIL) DONNE AISÉMENT À SES DIVERSES PRÉPARATIONS DES ALLURES INSPIRÉES & DÉLICIEUSES. **LES NOIX** (NOISETTES, AMANDES, CACAHUÈTES, NOIX DE CAJOU, NOIX DU BRÉSIL, DE PÉCAN OU DE GRENOBLE) & LES GRAINES (TOURNESOL, COURGE, PIGNONS, SÉSAME) APPORTENT RICHESSE & GOURMANDISE. **LES FRUITS SECS** AJOUTENT UNE MÂCHE & UNE SAVEUR SUCRÉE QUI FONT TOUJOURS LEUR PETIT EFFET DANS LES PLATS SALÉS.

❸ FARINES & LÉGUMINEUSES VARIÉES

LES FARINES DE BLÉ, DE SEIGLE, D'ÉPEAUTRE & D'AUTRES CÉRÉALES (DONT CERTAINES SANS GLUTEN COMME LE QUINOA OU LE SARRASIN) PERMETTENT DE RÉALISER GALETTE & CRACKERS ASSEZ FACILEMENT. **LES HARICOTS, LENTILLES & POIS CHICHES** EN BOCAUX FONT GAGNER UN TEMPS PRÉCIEUX POUR CONCOCTER DE DÉLICIEUX TARTINABLES.

PETITES CHOSES

ADIEU LES CHIPS, LES CACAHUÈTES TROP SALÉES & LES PETITS FOURS SURGELÉS

À DÉCLINER TOUTE L'ANNÉE

1 TASSE DE **NOIX DE CAJOU**
1 C.À C. D'**HUILE DE COCO**
1 C.À C. DE **GARAM MASALA**
1 C.À C. DE **MIEL/SIROP D'AGAVE**

20' COMMENCER PAR BIEN ENROBER LES NOIX DE CAJOU EN LES MÉLANGEANT AVEC L'HUILE DE COCO, LE MIEL/SIROP D'AGAVE & LES ÉPICES.

15' AU FOUR : RÉPARTIR LES FRUITS SECS EN UNE SEULE COUCHE SUR UNE PLAQUE CHEMISÉE & CUIRE À 160 DEGRÉS PENDANT UNE QUINZAINE DE MINUTES (MÉLANGER À MI-TEMPS POUR OBTENIR UNE CUISSON BIEN HOMOGÈNE). LAISSER REFROIDIR DIRECTEMENT SUR PLAQUE.

05' À LA POÊLE : SUR UN FEU VIF, FAIRE GRILLER LE MÉLANGE À SEC, PENDANT QUELQUES MINUTES, SANS JAMAIS CESSER DE REMUER.

CHANGER LES NOIX & LES ÉPICES À L'ENVI

- AMANDES & TOMATES SÉCHÉES + HERBES
- NOIX DE PÉCAN & DATTES + CANNELLE
- NOIX DE CAJOU & CACAHUÈTES + CORIANDRE
- AMANDES & FIGUES SÉCHÉES + ANIS VERT
- NOISETTES + ZESTES D'AGRUMES

MÉLANGE DE NOIX PARFUMÉES AUX ÉPICES

20’

À DÉCLINER TOUTE L'ANNÉE

1 TASSE DE **FARINE DE POIS CHICHES**
1 TASSE D'**EAU** & 1 PINCÉE DE **SEL**
1 C. À C. DE **BICARBONATE ALIMENTAIRE**
1 BOUQUET D'**HERBES FRAÎCHES**
+ HUILE D'OLIVE & FLEUR DE SEL

45' BIEN MÉLANGER L'EAU AVEC LA FARINE DE POIS CHICHES, LE SEL & LE BICARBONATE DE SOUDE AVANT DE LAISSER REPOSER UNE TRENTAINE DE MINUTES À TEMPÉRATURE AMBIANTE (PRÉPARER AUTRE CHOSE PENDANT CE TEMPS).

15' HACHER LES HERBES PLUS OU MOINS FINEMENT & LES MÉLANGER À LA PÂTE REPOSÉE.

10' PLACER LA POÊLE SUR FEU MOYEN/VIF, HUILER & VERSER DE LA PÂTE COMME POUR PRÉPARER UN PANCAKE. LAISSER CUIRE SUR FEU MOYEN. LORSQUE DES PETITES BULLES SE FORMENT À LA SURFACE, RETOURNER LA GALETTE POUR CUIRE L'AUTRE CÔTÉ, PENDANT 1 OU 2 MIN.

05' RECOMMENCER JUSQU'À ÉPUISEMENT DE LA PÂTE (HUILER UN PEU LA POÊLE ENTRE LES GALETTES SI CELA SEMBLE NÉCESSAIRE).

GALETTES DE POIS CHICHES AUX HERBES FRAÎCHES

45'

À DÉCLINER TOUTE L'ANNÉE

1/2 TASSE (50 G) DE **FARINE DE SEIGLE**
1/2 TASSE (40 G) DE **FLOCONS D'AVOINE**
1 1/2 (150 G) TASSE D'UN MÉLANGE DE **GRAINES**
(ICI TOURNESOL, COURGE & SÉSAME BLANC)
1 C. À S. DE **GRAINES DE CHIA**
1 C. À C. DE **FLEUR DE SEL** + 75 G D'**EAU**
(EN OPTION : 1 C. À S. D'**ÉPICES**)

50' PRÉCHAUFFER LE FOUR À 180 DEGRÉS AVANT DE MÉLANGER TOUS LES INGRÉDIENTS SECS. FINIR EN AJOUTANT L'EAU PROGRESSIVEMENT JUSQU'À OBTENIR UNE BELLE BOULE DE PÂTE FACILEMENT MALLÉABLE.

40' SUR UN PAPIER CUISSON, APLATIR LA PÂTE SUR UNE ÉPAISSEUR D'ENVIRON 1/2 CM AVANT DE L'ENFOURNER POUR 20 PREMIÈRES MINUTES.

20' RETOURNER LE CRACKER POUR LE CUIRE 20 MIN SUPPLÉMENTAIRES SUR L'AUTRE FACE.

00' LE LAISSER REFROIDIR TRANQUILLEMENT SUR PLAQUE AVANT DE LE CASSER EN MORCEAUX. (ILS SE CONSERVENT PLUSIEURS JOURS SANS PROBLÈME DANS UNE BOÎTE HERMÉTIQUE).

CRACKERS AUX GRAINES FAÇON PAIN NOIR

50'

À DÉCLINER TOUTE L'ANNÉE

125 G DE **BEURRE DOUX**
(À TEMPÉRATURE AMBIANTE)
1 PINCÉE DE **FLEUR DE SEL** (OU DE **SUCRE**)
UN PEU D'**ÉPICES**, D'**HERBES** OU **CONDIMENTS**

15' COMMENCER PAR BIEN TRAVAILLER LE BEURRE AVEC LES MAINS POUR LE RENDRE POMMADE PUIS LE MALAXER AVEC LES ÉLÉMENTS DE SON CHOIX (HERBES, ZESTES D'AGRUMES, ÉPICES...) JUSQU'À OBTENIR UNE RÉPARTITION BIEN HOMOGÈNE DANS L'ENSEMBLE DU MÉLANGE.

00' ON PEUT ENSUITE LE REFORMER EN MOTTE, EN PLAQUETTE OU EN CYLINDRE AVANT DE LE REFAIRE PRENDRE AU FRIGO (OU NON).

SUCRÉS OU SALÉS, CHANGER LES PARFUMS À L'ENVI

- GRAINES DE CUMIN & ZESTES D'ORANGE
- MIEL, CURCUMA, GINGEMBRE & POIVRE NOIR
- ALGUES SÉCHÉES, SUMAC & NOISETTES
- ÉCLATS DE CHÂTAIGNES & NOIX DE MUSCADE
- FÈVES DE CACAO CONCASSÉES & PIMENT D'ESPELETTE
- FIGUES SÉCHÉES & MÉLANGE DE 5 ÉPICES
- ... LES POSSIBILITÉS SONT DÉLICIEUSEMENT INFINIES !

FAIRE SON PROPRE BEURRE ARRANGÉ

15'

À DÉCLINER EN SALÉ COMME EN SUCRÉ

UNE DIZAINE DE **DATTES** (BIEN CHARNUES)
1 PETIT **CHÈVRE FRAIS** (ENVIRON 150 G)
1 C.À C. DE **THYM** + 1 C.À C. DE **SUMAC**
1 MÉLANGE DE **NOIX DE SON CHOIX**
(ICI AMANDES, NOISETTES & PISTACHES)
1 C.À S. D'**HUILE D'OLIVE**
+ CHAPELURE, AIL, PIMENT & FLEUR DE SEL

15' AVEC LE COUTEAU, FENDRE LES DATTES DANS LA LONGUEUR POUR EN ENLEVER LE NOYAU.

10' MÉLANGER DE LA CHAPELURE AVEC UN PEU D'AIL ÉCRASÉ, DE PIMENT D'ESPELETTE (SI L'ON AIME) & UNE PINCÉE DE FLEUR DE SEL. RÉSERVER LE MÉLANGE POUR PLUS TARD. RASSEMBLER LES NOISETTES & LES AMANDES POUR POUVOIR LES CONCASSER RAPIDEMENT. LES MÉLANGER ENSUITE AVEC LES PISTACHES & LES ÉPICES PUIS INCORPORER L'ENSEMBLE AU FROMAGE AVEC UN FILET D'HUILE D'OLIVE.

05' GOÛTER & RÉAJUSTER L'ASSAISONNEMENT EN SEL OU EN ÉPICES (SI BESOIN) PUIS FARCIR CHAQUE DATTE AVEC LE FROMAGE PARFUMÉ. FINIR AVEC UN PEU DE CHAPELURE À L'AIL.

BOUCHÉES DE DATTES AU CHÈVRE PARFUMÉ

15'

À DÉCLINER TOUTE L'ANNÉE

QUELQUES **GROSSES PÂTES** (À FARCIR)
2 POIGNÉES PLEINES D'**ÉPINARDS**
1 VERRE DE **POIS CHICHES** (CUITS)
1 **CITRON** (POUR LE JUS & LES ZESTES)
1 C. À S. DE **CÂPRES** & DE **RAISINS SECS**
+ HUILE D'OLIVE, HARISSA, AIL & FLEUR DE SEL

20' FAIRE CUIRE LES PÂTES AL DENTE EN VEILLANT À PRÉLEVER UN PEU D'EAU DE CUISSON AVANT DE LES ÉGOUTTER. LES ENROBER LÉGÈREMENT D'HUILE D'OLIVE PUIS LES METTRE DE CÔTÉ.

20' DANS UNE POÊLE, FAIRE CHAUFFER UN TRAIT D'HUILE D'OLIVE & Y FAIRE REVENIR LES POIS CHICHES AVEC 2 GOUSSES D'AIL ÉCRASÉES, QUELQUES CÂPRES & RAISINS SECS HACHÉS. LAISSER GRILLER PENDANT QUELQUES MINUTES AVANT D'AJOUTER LES ÉPINARDS, 1 PINCÉE DE FLEUR DE SEL & UN PEU DE L'EAU DE CUISSON.

10' AJOUTER UNE POINTE DE HARISSA, LE JUS DU CITRON & TOUT MÉLANGER LE TEMPS DE FAIRE FONDRE LES ÉPINARDS & DE LIER LES SAVEURS.

05' FARCIR CHAQUE PÂTE AVEC LA GARNITURE.

+ ZESTES DE CITRON & PIGNONS DE PIN

PÂTES AUX ÉPINARDS, POIS CHICHES & RAISINS SECS

20'

UNE BOUCHÉE À DÉCLINER EN FONCTION DES SAISONS

UNE DIZAINE D'**ABRICOTS**
ENVIRON 50 G DE **FLOCONS D'AVOINE**
LE MÊME VOLUME DE **POUDRE D'AMANDE**
1 C. À S. DE **SUCRE COMPLET** (OU DE COCO)
+ 1 GÉNÉREUX FILET D'HUILE D'OLIVE

30' COMMENCER PAR MIXER LES FLOCONS D'AVOINE (DE MANIÈRE À OBTENIR UNE POUDRE ASSEZ FINE) AVEC QUELQUES BRINS DE ROMARIN. FAIRE PRÉCHAUFFER LE FOUR À 180 DEGRÉS.

25' POUR PRÉPARER LE CRUMBLE : MÉLANGER (AVEC LES DOIGTS) LA POUDRE D'AMANDE, LA FARINE D'AVOINE, LE SUCRE & L'HUILE D'OLIVE AVEC UNE PETITE PINCÉE DE FLEUR DE SEL JUSQU'À OBTENIR UNE TEXTURE BIEN SABLÉE.

20' COUPER LES ABRICOTS EN 2 & RECOUVRIR CHAQUE MOITIÉ D'UNE CUILLÈRE DE CRUMBLE. ENFOURNER JUSQUÀ OBTENTION D'UNE BELLE COLORATION (ENVIRON 20 MINUTES).

00' SERVIR AVEC UN PEU DE **TAHINI** ALLONGÉ DE **MIEL** & D'UN FILET DE **JUS DE CITRON**.

REVISITER AVEC N'IMPORTE QUEL FRUIT DE SAISON

ABRICOTS AU CRUMBLE D'AMANDES & HUILE D'OLIVE

30'

UNE BOUCHÉE À DÉCLINER EN FONCTION DES SAISONS

1 BELLE **BETTERAVE** (CUITE OU CRUE)
1 MORCEAU DE **SCAMORZA FUMÉE**
QUELQUES FEUILLES D'**ESTRAGON**
+ 1 CITRON VERT & DE L'HUILE D'OLIVE

15' AU CHOIX, UTILISER UNE BETTERAVE CUITE OU BIEN COUPER LA BETTERAVE CRUE EN TRANCHES RÉGULIÈRES (D'ENVIRON 1 CM D'ÉPAISSEUR) AVANT DE LES CUIRE À LA VAPEUR ENTRE 15 & 20 MIN (ELLES DOIVENT RESTER ASSEZ FERMES POUR SE TENIR ENTRE LES DOIGTS & FAIRE OFFICE DE TOASTS).

00' ARROSER CHAQUE TRANCHE AVEC UN PEU DE CITRON VERT & D'HUILE D'OLIVE, DISPOSER UNE LAMELLE DE SCAMORZA FUMÉE & UNE FEUILLE D'ESTRAGON. AU MOMENT DE SERVIR, ZESTER UN PEU DE CITRON VERT SUR L'ASSIETTE.

CRÉER FACILEMENT D'AUTRES BOUCHÉES DE LÉGUMES

- CHOISIR UN LÉGUME DONT LA FORME PEUT FACILEMENT ACCUEILLIR UNE GARNITURE (POMME DE TERRE, CÉLERI, NAVET OU COURGETTE EN TRANCHES, CHAMPIGNON DE PARIS OU ENDIVE SOUS FORME DE BARQUETTE, ETC.)
- ASSEMBLER AVEC 2 OU 3 INGRÉDIENTS QUI VONT BIEN.

BETTERAVE, SCAMORZA FUMÉE & ESTRAGON

15’

UNE BOUCHÉE À DÉCLINER EN FONCTION DES SAISONS

UNE DIZAINE DE **FIGUES** (FRAÎCHES)
125 G DE **RICOTTA &** 1 C. À S. DE **MIEL**
1 C. À C. DE **GINGEMBRE** (RÂPÉ OU EN POUDRE)
+ NOIX DE CAJOU, AMANDES & RAISINS SECS

10' BIEN FOUETTER LA RICOTTA AVEC LE MIEL & LE GINGEMBRE, AJUSTER LES SAVEURS AU GOÛT EN AJOUTANT UN PEU PLUS DE L'UN DES INGRÉDIENTS SI BESOIN.

05' COUPER SIMPLEMENT LES FIGUES EN DEUX & HACHER GROSSIÈREMENT LES FRUITS SECS.

00' POUR SERVIR, ON PEUT DISPOSER LES FIGUES SUR LA RICOTTA & DÉCORER AVEC LE MÉLANGE CROQUANT OU RECOUVRIR CHAQUE DEMI-FRUIT D'UNE CUILLÈRE DE RICOTTA AU MIEL & DE QUELQUES ÉCLATS DE FRUITS SECS.

CRÉER FACILEMENT D'AUTRES BOUCHÉES FRUITÉES

- CHOISIR UN FRUIT SAVOUREUX & QUI S'ATTRAPE BIEN
- UTILISER UN ÉLÉMENT QUI APPORTE DE LA TEXTURE
- CRÉER DE NOUVELLES SAUCES EN JOUANT AVEC LES ÉPICES, EN UTILISANT DIFFÉRENTES BASES ONCTUEUSES (DIFFÉRENTS YAOURTS, PURÉES D'OLÉAGINEUX, ETC.)

FIGUES AUX FRUITS SECS, RICOTTA, MIEL & GINGEMBRE

10’

UNE BOUCHÉE À DÉCLINER EN FONCTION DES SAISONS

1 **CONCOMBRE** COUPÉ EN TRANCHES
DE LA **RICOTTA** (OU DE LA **BROUSSE**)
QUELQUES FEUILLES DE **BASILIC**
DU **PIMENT D'ESPELETTE** & DES **PISTACHES**
+ HUILE D'OLIVE & FLEUR DE SEL

10' COUPER LE CONCOMBRE EN TRANCHES ASSEZ ÉPAISSES POUR SE TENIR EN TARTINE AVANT D'Y PARSEMER UN PEU DE FLEUR DE SEL. GARNIR CHAQUE TRANCHE AVEC UNE FEUILLE DE BASILIC FRAIS, UNE CUILLÈRE DE RICOTTA, UNE PETITE PINCÉE DE PIMENT D'ESPELETTE & QUELQUES ÉCLATS DE PISTACHES. FAIRE AUTANT DE TRANCHES QU'ON LE DÉSIRE.

QUELQUES IDÉES DE BOUCHÉES À ASSEMBLER

- COURGETTE, STRACCIATELLA, CORIANDRE & CITRON VERT
- ENDIVES, ORANGE SANGUINE, FETA & NOISETTES
- CHAMPIGNON, MINI-DÉS DE CÉLERI, COMTÉ & PERSIL
- POMME, MOUTARDE, CÂPRES & ÉCHALOTE AU VINAIGRE
- AUBERGINE EN RONDELLES, TAHINI, MENTHE & GRENADE
- CHOU-RAVE, POIRE, BLEU & AMANDES GRILLÉES
- BANANE, ROQUEFORT, POIVRE & GRAINES DE SARRASIN (IL SUFFIT DE L'ESSAYER POUR EN ÊTRE CONVAINCU !)

CONCOMBRE À LA RICOTTA, BASILIC & PISTACHES

10'

BALANCE LA SAUCE

MODE D'EMPLOI & ALTERNATIVES POUR CHANGER DU GUACAMOLE & DU TZATZIKI

1. COMMENT CRÉER SON DIP ?

200 G DE LÉGUMINEUSES
&/OU DE LÉGUMES CUITS

1 BONNE POIGNÉE
DE GRAINES/OLÉAGINEUX

1 FILET D'HUILE
DE SON CHOIX

1 TOUCHE D'ACIDITÉ
& 1 PINCÉE DE SEL

HERBE(S), ÉPICE(S)
&/OU CONDIMENT(S)

UN PEU DE FROMAGE
(POUR UNE INSPI PESTO)

LE MONDE DES DIPS & TARTINABLES EST BIEN PLUS VASTE QU'UN POT DE HOUMOUS OU DE PESTO. DE NOMBREUSES AUTRES VARIÉTÉS DE HARICOTS, DE LÉGUMES ET D'HERBES NE DEMANDENT QU'À ENTRER EN JEU AFIN DE VARIER LES PLAISIRS AU FIL DES SAISONS ET DES INSPIRATIONS.

L'ÉQUATION MAGIQUE

COMME UN HOUMOUS

LÉGUMINEUSES	POIS CHICHES, HARICOTS & LENTILLES DIVERS
OLÉAGINEUX	AMANDES, NOISETTES, NOIX, GRAINES VARIÉES
SAVEURS	HERBES, ÉPICES & AUTRES CONDIMENTS
ACIDITÉ	JUS DE CITRON, VINAIGRES, VERJUS, ETC.

PESTO MODE D'EMPLOI

HERBES	PERSIL, CORIANDRE, MENTHE, FANES DE LÉGUMES...
OLÉAGINEUX	PIGNONS, NOIX DE CAJOU & GRAINES VARIÉES
CONDIMENTS	CÂPRES, OLIVES, CITRON CONFIT, ÉPICES DIVERSES
HUILES	OLIVE, COLZA, TOURNESOL, CHANVRE, NOIX, ETC.
FROMAGE	PARMESAN, PECORINO, RICOTTA, TOMME, COMTÉ...

DIP DE LÉGUMES

IL SUFFIT DE CUIRE LES LÉGUMES DE SON CHOIX (AU FOUR, BRAISÉS, OU ENCORE À LA VAPEUR), PUIS DE LES MIXER (UNE FOIS LÉGÈREMENT REFROIDIS) AVEC QUELQUES OLÉAGINEUX & UN FILET D'HUILE D'OLIVE. ON AJOUTE QUELQUES ÉPICES & ON AJUSTE LA CONSISTANCE AVEC UN PEU D'EAU OU DE YAOURT.

LE PRINTEMPS, ÇA SE FÊTE !

1 TASSE DE **FÈVES** (FRAÎCHES OU SURGELÉES)
1 C. À S. DE **PÂTE DE MISO** (BRUN DE PRÉFÉRENCE)
1/2 **CITRON VERT** (JUS & ZESTES)
+ HUILE DE SÉSAME, GOMASIO & AIL

15' ÉCOSSER LES FÈVES FRAÎCHES AVANT DE LES CUIRE 5/10 MINUTES À L'EAU OU À LA VAPEUR. (GARDER LES COSSES POUR PRÉPARER AUTRE CHOSE COMME UNE POÊLÉE OU UN VELOUTÉ). HORS SAISON, CUIRE LES FÈVES SURGELÉES DE LA MÊME FAÇON AVANT DE LES REFROIDIR.

05' LES MIXER ENSUITE AVEC LE MISO, LE CITRON VERT, UN PEU DE GOMASIO & UN BEAU FILET D'HUILE DE SÉSAME JUSQU'À OBTENIR LA TEXTURE SOUHAITÉE.

00' PRÉPARER LE CONDIMENT EN DÉCOUPANT DE PETITS MORCEAUX D'**ABRICOTS SECS** AVANT DE LES MÉLANGER AVEC DES LAMELLES DE **COCO**, UN PEU D'**HUILE DE SÉSAME**, UNE PINCÉE DE **SEL** & UNE TOUCHE DE **PIMENT** MOULU.

DIP DE FÈVES AU MISO, CONDIMENT COCO-PIMENT

<u>15'</u>

LE PRINTEMPS, ÇA SE FÊTE!

1 BOTTE DE **FANES DE RADIS**
1 TASSE DE **POIS CHICHES** (CUITS)
1 GROSSE C. À S. DE **PURÉE DE SÉSAME**
+ HUILE D'OLIVE, AIL, FLEUR DE SEL, CITRON

25' BIEN LAVER LES FANES DE RADIS AVANT DE LES FAIRE COLORER DANS UNE POÊLE AVEC 2 OU 3 GOUSSES D'AIL, 1 FILET D'HUILE D'OLIVE & UNE BELLE PINCÉE DE FLEUR DE SEL. BIEN MÉLANGER L'ENSEMBLE POUR NE PAS QUE ÇA BRÛLE.

20' AJOUTER UN PEU D'EAU PUIS UN COUVERCLE AFIN QU'ELLES S'ATTENDRISSENT LÉGÈREMENT.

15' LES RETIRER DU FEU & LES LAISSER REFROIDIR AVANT DE LES MIXER AVEC LES POIS CHICHES, LA PURÉE DE SÉSAME, UN TOUR DE MOULIN À POIVRE & LE JUS D'UN DEMI-CITRON.

00' PRÉPARER LE CONDIMENT EN LIANT QUELQUES **NOISETTES** CONCASSÉES, DE L'**ÉCHALOTE** & DES MORCEAUX DE **CITRON CONFIT** AVEC UN TRAIT D'**HUILE D'OLIVE** & UN PEU DE **POIVRE**.

HOUMOUS AUX FANES, CITRON CONFIT & NOISETTES

25'

SOUS LE SOLEIL DE L'ÉTÉ

1/2 TASSE DE **COURGETTE**
1 C. À S. DE **MOUTARDE À L'ANCIENNE**
+ HUILE D'OLIVE, AIL, SEL & POIVRE

20' COUPER GROSSIÈREMENT LA COURGETTE PUIS LA CUIRE 10 BONNES MINUTES À LA VAPEUR. NE PAS HÉSITER À POUSSER LA CUISSON POUR QUE LES MORCEAUX SOIENT BIEN MOUS.

10' UNE FOIS BIEN CUITE, LA LAISSER REFROIDIR UN PEU AVANT DE LA MIXER AVEC UNE GOUSSE D'AIL PRÉALABLEMENT ÉCRASÉE, LA MOUTARDE & UN GÉNÉREUX FILET D'HUILE D'OLIVE. ASSAISONNER DE SEL & DE POIVRE AU GOÛT.

00' PRÉPARER LE CONDIMENT EN MÉLANGEANT DES QUARTIERS DE **MIRABELLES** AVEC QUELQUES **NOIX** GROSSIÈREMENT CONCASSÉES, DU **POIVRE**, UNE PINCÉE DE **FLEUR DE SEL**. LIER LE TOUT AVEC UN LÉGER FILET D'**HUILE D'OLIVE**.

DIP DE COURGETTE JAUNE AUX NOIX & MIRABELLES

20'

SOUS LE SOLEIL DE L'ÉTÉ

2 BELLES **TOMATES** (BIEN MÛRES)
1 POIGNÉE DE **PERSIL FRAIS**
1/2 TASSE DE **NOIX DE CAJOU**
UN PEU DE **PIMENT DOUX**
+ HUILE D'OLIVE, AIL, VINAIGRE, FLEUR DE SEL

40' COMMENCER PAR PRÉPARER LES TOMATES AU FOUR : LES COUPER EN 2, LES SALER & LES ENFOURNER À 200 DEGRÉS JUSQU'À CE QU'ELLES SOIENT BIEN RÔTIES (30 MINUTES). À LA POÊLE : LES COLORER À FEU TRÈS FORT DANS UN PEU D'HUILE D'OLIVE EN MÉLANGEANT CONSTAMMENT JUSQU'À CE QU'ELLES AIENT GRILLÉ & PERDU LA MAJORITÉ DE LEUR EAU.

10' LAISSER REFROIDIR AVANT DE LES MIXER AVEC LES NOIX DE CAJOU, UNE GOUSSE D'AIL ÉCRASÉE, DE LA FLEUR DE SEL, 1 GRAND FILET D'HUILE D'OLIVE, DES BRINS DE PERSIL FRAIS & UN TRAIT DE VINAIGRE DE VIN ROUGE.

00' PRÉPAPER LE CONDIMENT EN LIANT QUELQUES **AMANDES** CONCASSÉES AVEC 2 OU 3 FEUILLES DE **PERSIL** CISELÉES, UN PEU D'**AIL NOIR**, DE LA **FLEUR DE SEL** & UN FILET D'**HUILE D'OLIVE**.

PURÉE DE TOMATES RÔTIES & CONDIMENT À L'AIL NOIR

40'

SOUS LE SOLEIL DE L'ÉTÉ

1 TASSE DE **HARICOTS BLANCS** (CUITS)
1 MORCEAU DE **FENOUIL** (ENVIRON 200 G)
+ HUILE D'OLIVE, CITRON, AIL, POIVRE & SEL

20' DÉCOUPER RAPIDEMENT LE FENOUIL AVANT DE LE CUIRE À LA VAPEUR PENDANT 10 MINUTES (OU JUSQU'À CE QU'IL SOIT BIEN TENDRE).

10' LE LAISSER REFROIDIR AVANT DE LE MIXER AVEC LES HARICOTS BLANCS, LE JUS D'UN CITRON, 1 GOUSSE D'AIL, 1 GÉNÉREUSE PINCÉE DE FLEUR DE SEL, QUELQUES TOURS DE MOULIN À POIVRE & UN BEAU FILET D'HUILE D'OLIVE.

00' PRÉPAPER LE CONDIMENT EN MÉLANGEANT DES **OLIVES NOIRES** HACHÉES, DE BEAUX COPEAUX DE **PARMESAN** & DES **GRAINES DE TOURNESOL** AVEC UN TRAIT D'**HUILE D'OLIVE**.
AU MOMENT DE SERVIR, FINIR SIMPLEMENT AVEC QUELQUES **ZESTES DE CITRON**.

HOUMOUS BLANC AU FENOUIL, PARMESAN & OLIVES NOIRES

20'

SOUS LE SOLEIL DE L'ÉTÉ

1 GROSSE (OU 2 PETITES) **AUBERGINE**
QUELQUES MORCEAUX DE **CITRON CONFIT**
1 GROSSE C. À S. DE **YAOURT** (OPTIONNEL)
+ HUILE D'OLIVE, RAS EL-HANOUT, AIL & SEL

40' PRÉCHAUFFER LE FOUR À 180 DEGRÉS. COUPER L'AUBERGINE EN 2 & LA QUADRILLER AVEC UN COUTEAU. AJOUTER, SUR CHAQUE MOITIÉ, DE L'AIL ÉCRASÉ, UN TRAIT D'HUILE D'OLIVE, UNE PINCÉE DE FLEUR DE SEL & UN PEU DE GINGEMBRE (RÂPÉ OU EN POUDRE). ENFOURNER AU MOINS 30 MINUTES JUSQU'À CE QUE LA CHAIR SOIT CUITE & FONDANTE.

10' LAISSER REFROIDIR TRANQUILLEMENT AVANT DE RÉCUPÉRER LA PULPE POUR LA MIXER AVEC LE RAS EL-HANOUT, LES MORCEAUX DE CITRON CONFIT, L'HUILE D'OLIVE (& LE YAOURT).

00' PRÉPAPER LE CONDIMENT EN MÉLANGEANT QUELQUES **RAISINS SECS** (DE DIFFÉRENTES VARIÉTÉS PAR EXEMPLE) AVEC DES **AMANDES** CONCASSÉES & UNE PINCÉE DE **GINGEMBRE**. ENROBER D'UN TRAIT D'**HUILE D'OLIVE**.

PURÉE D'AUBERGINE RÔTIE, ÉPICES & CITRON CONFIT

40'

QUAND L'AUTOMNE ARRIVE

1 GROSSE **PATATE DOUCE**
1 BELLE C.À S. DE **TAHINI**
1 C.À C. DE **SAUCE SOJA**
1 C.À C. DE **MIEL** (DU BON, C'EST MIEUX)

20' DÉCOUPER LA PATATE DOUCE EN GROS DÉS AVANT DE LA CUIRE DANS LE PANIER VAPEUR PENDANT ENVIRON 10 MINUTES. ELLE DOIT ÊTRE FACILEMENT MIXABLE & DONC ÊTRE BIEN FONDANTE QUAND ON Y PIQUE UN COUTEAU.

10' UNE FOIS TIÉDIE, MIXER LA PATATE DOUCE AVEC LE MIEL, LA SAUCE SOJA & LE TAHINI. ON PEUT AJOUTER UN PEU D'EAU (OU PLUS DE TAHINI), SI BESOIN D'AJUSTER LA TEXTURE.

00' PRÉPAPER LE CONDIMENT EN HACHANT UN PEU D'**ÉPINARD** (OU TOUTE AUTRE FEUILLE/HERBE) AVANT DE LE MÉLANGER AVEC QUELQUES **NOIX DE CAJOU** CONCASSÉES, UN FILET D'**HUILE DE SÉSAME** & UN TRAIT DE **VINAIGRE DE RIZ**.

PATATE DOUCE AU MIEL, ÉPINARDS & NOIX DE CAJOU

20'

QUAND L'AUTOMNE ARRIVE

QUELQUES FLEURETS DE **BROCOLI**
ENVIRON 50 G DE **FOURME D'AMBERT**
1 GROSSE C. À S. DE **YAOURT GREC**
+ VINAIGRE DE CIDRE & POIVRE NOIR

15' DÉTAILLER LE BROCOLI & LE CUIRE DANS LE PANIER VAPEUR PENDANT 5 BONNES MINUTES POUR QU'IL SOIT BIEN TENDRE.

10' LE LAISSER REFROIDIR UN PEU AVANT DE LE MIXER AVEC LES 3/4 DE LA FOURME, LE YAOURT & UN JOLI FILET DE VINAIGRE. POIVRER & SALER SELON SON GOÛT.

00' PRÉPAPER LE CONDIMENT EN CISELANT UNE PETITE **ÉCHALOTE** AVANT DE LA LIER À L'**HUILE D'OLIVE** AVEC UN GÉNÉREUX TOUR DE MOULIN À **POIVRE**, DES **PIGNONS DE PIN** GRILLÉS & CE QU'IL RESTE DE **FOURME D'AMBERT**.

DIP DE BROCOLI AU BLEU, CONDIMENT PIGNONS ROUGES

15'

UNE BONNE RAISON D'AIMER L'HIVER

UN BON MORCEAU (500 G) DE **POTIMARRON**
QUELQUES **CHÂTAIGNES** (CUITES)
1/2 TASSE DE **HARICOTS ROUGES**
+ HUILE D'OLIVE, ÉCHALOTE & FLEUR DE SEL

30' DÉCOUPER RAPIDEMENT LE POTIMARRON EN GROS DÉS AVANT DE LES FAIRE CUIRE (SOIT AU FOUR PENDANT UNE BONNE VINGTAINE DE MINUTES, SOIT À LA VAPEUR PENDANT À PEU PRÈS 10-15 MINUTES) JUSQU'À CE QU'ILS SOIENT FONDANTS & FACILEMENT ÉCRASABLES.

10' LES MIXER AVEC QUELQUES CHÂTAIGNES, DES LAMELLES D'ÉCHALOTE, UNE PINCÉE DE FLEUR DE SEL & UN BEAU FILET D'HUILE D'OLIVE.

00' PRÉPAPER LE CONDIMENT EN MÉLANGEANT DES PAILLETTES D'**ALGUES**, DU **SÉSAME**, QUELQUES ÉCLATS DE **CHÂTAIGNES** HACHÉES, LE RESTANT D'**ÉCHALOTE** & UN FILET D'**HUILE D'OLIVE**.

POTIMARRON & CHÂTAIGNES, CONDIMENT ÉCHALOTES

30'

UNE BONNE RAISON D'AIMER L'HIVER

3 OU 4 BELLES **CAROTTES**
1 PLEINE POIGNÉE DE **PERSIL PLAT**
2 C.À S. DE **TAHINI COMPLET**
+ AIL, JUS D'ORANGE & FLEUR DE SEL

40' PRÉCHAUFFER LE FOUR À 180 DEGRÉS. ÉCRASER 2 GOUSSES D'AIL, LES MÉLANGER AVEC LES CAROTTES COUPÉES EN MORCEAUX & ENFOURNER POUR ENVIRON 30 MINUTES JUSQU'À CE QU'ELLES SOIENT BIEN TENDRES. ON PEUT AUSSI CUIRE LES CAROTTES À LA VAPEUR PENDANT ENVIRON 15 MINUTES (DANS CE CAS, AJOUTER L'AIL AU MOMENT DE MIXER).

10' MIXER AVEC L'HUILE D'OLIVE, LE PERSIL PLAT, LE TAHINI & DU JUS D'ORANGE AU GOÛT. RECTIFIER L'ASSAISONNEMENT SI BESOIN.

00' PRÉPAPER LE CONDIMENT EN MÉLANGEANT LA **DATTE** HACHÉE, LES CERNEAUX DE **NOIX** GROSSIÈREMENT CONCASSÉS & LES GRAINS DE **GRENADE** AVEC UN TRAIT D'**HUILE D'OLIVE** & UNE PINCÉE DE **FLEUR DE SEL**.

DIP DE CAROTTES AU PERSIL & CONDIMENT NOIX-GRENADE

40’

UNE BONNE RAISON D'AIMER L'HIVER

5 OU 6 **OIGNONS BLANCS**
2 OU 3 **CHAMPIGNONS DE PARIS**
+ CAFÉ NOIR, FLEUR DE SEL & SUCRE COMPLET

45' DANS UNE POÊLE HUILÉE, FAIRE COLORER LES OIGNONS À FEU VIF AVEC LE SUCRE & LE SEL. REMUER RÉGULIÈREMENT JUSQU'À CE QUE LES OIGNONS SOIENT BIEN CARAMÉLISÉS.

35' AJOUTER UN PEU D'EAU & BAISSER LE FEU AVANT DE COUVRIR POUR LAISSER MIJOTER TRANQUILLEMENT PENDANT – AU MINIMUM – UNE VINGTAINE DE MINUTES.

15' QUAND LES OIGNONS SONT BIEN TENDRES & L'EAU ÉVAPORÉE, AUGMENTER LE FEU, VERSER UN PEU DE CAFÉ & MÉLANGER RAPIDEMENT.

10' LAISSER TIÉDIR LÉGÈREMENT AVANT DE MIXER AVEC LES CHAMPIGNONS DÉTAILLÉS (ON PEUT EN GARDER UN PEU POUR LE CONDIMENT). AJUSTER EN SEL & EN CAFÉ SI BESOIN.

00' PRÉPAPER LE CONDIMENT EN LIANT LE RESTE DE **CHAMPIGNONS** AVEC QUELQUES **NOISETTES** CONCASSÉES, DU **GOMASIO**, UNE TOUCHE DE **FLEUR DE SEL** & UN TRAIT D'**HUILE D'OLIVE**.

DIP D'OIGNONS AU CAFÉ & CONDIMENT CHAMPIGNONS

45'

ASSIETTE DE SAISON

COMMENT REMPLACER SANS EFFORT (MAIS AVEC GOÛT) LES BÂTONNETS DE CRUDITÉS

UNE BELLE BOTTE DE **RADIS**
+ HUILE D'OLIVE, SUMAC, POIVRE & FLEUR DE SEL

15' ENROBER LES RADIS AVEC UN PEU DE SUMAC, DE POIVRE, D'HUILE D'OLIVE & DE FLEUR DE SEL. AU FOUR : LES FAIRE RÔTIR 10 MINUTES À 200 DEGRÉS EN LES BRASSANT À MI-CUISSON.

10' À LA POÊLE : SUR FEU VIF, LES FAIRE GRILLER 5 MINUTES DANS UN FILET D'HUILE D'OLIVE POUR LES COLORER JOLIMENT (MÉLANGER DE TEMPS EN TEMPS POUR QUE ÇA SOIT ASSEZ HOMOGÈNE). LAISSER REFROIDIR.

05' PASSER À LA SAUCE EN ÉMIETTANT ASSEZ GROSSIÈREMENT 50 G D'UNE BONNE **FETA** AVANT DE LA MIXER AVEC 4 C.À S. DE **YAOURT DE BREBIS** & LE JUS D'1/2 **CITRON**.
ÉMINCER UNE PETITE **ÉCHALOTE** & BIEN CISELER 1 POIGNÉE PLEINE DE **CIBOULETTE** AVANT DE LES INCORPORER À LA SAUCE.
GOÛTER & RECTIFIER L'ASSAISONNEMENT AVEC UN PEU DE SEL & D'HUILE D'OLIVE SI BESOIN.

RADIS RÔTIS AU SUMAC & CRÈME FETA-CIBOULETTE

15’

1 BOTTE D'**ÉCHALOTES NOUVELLES**
(OU D'AILLETS, DE POIREAUX CRAYON…)
+ HUILE D'OLIVE, FLEUR DE SEL

30' DANS UNE POÊLE BIEN HUILÉE, À FEU VIF, FAIRE BIEN COLORER LES ÉCHALOTES (GARDER LES PLUS PETITES ENTIÈRES & DÉCOUPER LES PLUS GROSSES EN 2 DANS TOUTE LEUR LONGUEUR).

20' QUAND ELLES SONT BIEN MARQUÉES, PRESQUE BRÛLÉES, AJOUTER UN FOND D'EAU PUIS UN COUVERCLE, BAISSER UN PEU LE FEU & LAISSER LE TOUT MIJOTER POUR LES CUIRE À CŒUR. ENVIRON 20 MINUTES FONT L'AFFAIRE MAIS, COMME TOUJOURS, LE MIEUX RESTE DE TESTER DE TEMPS EN TEMPS EN LES PIQUANT AVEC LA POINTE D'UN COUTEAU.
AU FOUR : LES CUIRE PENDANT 30 MINUTES DANS LE FOUR PRÉCHAUFFÉ À 180 DEGRÉS, BIEN ENROBÉES D'HUILE D'OLIVE & DE FLEUR DE SEL (LES RETOURNER DE TEMPS EN TEMPS).

05' POUR LA SAUCE, MIXER UN **POIVRON** AVEC 1/2 TASSE DE **NOIX** TREMPÉES, UN FILET DE **VINAIGRE BALSAMIQUE** & UNE PINCÉE DE **SEL**.

ÉCHALOTES NOUVELLES ENTIÈRES FAÇON CALÇOTS

30'

SOUS LE SOLEIL DE L'ÉTÉ

1 JOLI **CONCOMBRE** (DE TAILLE MOYENNE)
1 DIZAINE DE **CHAMPIGNONS DE PARIS**
+ HUILE DE SÉSAME, AIL, VINAIGRE DE RIZ & SEL

20' DÉCOUPER LE CONCOMBRE EN BÂTONNETS & LES CHAMPIGNONS EN QUARTIERS. LES FAIRE DÉGORGER EN LES MÉLANGEANT AVEC UNE GROSSE PINCÉE DE SEL PENDANT QUE L'ON PRÉPARE LA MARINADE.

15' PRENDRE UN PETIT SALADIER & Y MÉLANGER TOUT SIMPLEMENT 2 C.À S. DE VINAIGRE DE RIZ AVEC UN GÉNÉREUX FILET D'HUILE DE SÉSAME & UNE GOUSSE D'AIL ÉCRASÉE. RÉCUPÉRER LES LÉGUMES & LES AJOUTER DANS LE SALADIER EN VEILLANT À BIEN LES ENROBER.

05' POUR LA SAUCE, MÉLANGER TOUT SIMPLEMENT 3 GROSSES C.À S. DE **YAOURT DE SOJA** AVEC 1 C.À S. DE SAUCE **TAMARI** (UNE SAUCE SOJA PLUS PAUVRE EN SEL) & UNE PETITE PINCÉE DE POUDRE (OU PÂTE) DE **WASABI** AU GOÛT. IL NE FAUT PAS HÉSITER À EN METTRE TRÈS PEU AU DÉPART & À RÉAJUSTER LA QUANTITÉ PROGRESSIVEMENT EN GOÛTANT LA SAUCE. SERVIR AVEC UNE JOLIE PINCÉE DE **GOMASIO**.

LÉGUMES VINAIGRÉS, CRÈME SOJA & WASABI

20'

SOUS LE SOLEIL DE L'ÉTÉ

2 BELLES **COURGETTES**
1/2 TASSE DE **FARINE DE POIS CHICHES**
2 **ŒUFS** FRAIS
+ HUILE D'OLIVE, THYM, FLEUR DE SEL

30' PRÉCHAUFFER LE FOUR À 180 DEGRÉS AVANT DE DÉTAILLER LES COURGETTES EN BÂTONNETS. PRÉPARER 2 ASSIETTES POUR LA PANURE. DANS LA PREMIÈRE, BATTRE LES 2 ŒUFS AVEC UNE BELLE PINCÉE DE SEL & DANS LA SECONDE, MÉLANGER LA FARINE DE POIS CHICHES AVEC UNE GÉNÉREUSE DOSE DE THYM.

25' TREMPER CHAQUE MORCEAU DE COURGETTE DANS LA PREMIÈRE ASSIETTE AVANT DE LES ROULER DANS LA FARINE DE POIS CHICHES PARFUMÉE AFIN DE BIEN LES ENROBER.

20' DISPOSER SUR UNE PLAQUE, ARROSER D'UN TRAIT D'HUILE D'OLIVE & ENFOURNER PENDANT 20 MINUTES, ELLES SERONT CUITES À CŒUR & CROUSTILLANTES À L'EXTÉRIEUR.

05' PRÉPARER LA SAUCE EN MÉLANGEANT QUELQUES CUILLÈRES À SOUPE DE **YAOURT** AVEC DE LA **PURÉE D'AMANDE**, DE LA **FLEUR DE SEL** & DU **PIMENT D'ESPELETTE**.

PANISSES DE COURGETTE & SAUCE AU YAOURT

30’

DES **HARICOTS PLATS** (OU VERTS) + HUILE D'OLIVE, FLEUR DE SEL & SUMAC

10' COMMENCER EN CUISANT LES HARICOTS PLATS À LA VAPEUR PENDANT ENVIRON 10 MINUTES. LES PIQUER POUR VÉRIFIER LA CUISSON PUIS LES REFROIDIR IMMÉDIATEMENT À L'EAU BIEN FRAÎCHE. ASSAISONNER AVEC UNE TOUCHE DE FLEUR DE SEL & DE SUMAC PUIS LES FAIRE BRILLER AVEC UN FILET D'HUILE D'OLIVE.

05' POUR LA SAUCE, MIXER 200 G DE **BROUSSE DE CHÈVRE** (DE BROCCIU OU DE RICOTTA) AVEC UN MIX **PERSIL-CORIANDRE** (L'ÉQUIVALENT D'UN BOUQUET), QUELQUES **TOMATES SÉCHÉES** & UNE GROSSE POIGNÉE DE **PIGNONS DE PIN** GRILLÉS. AJOUTER DE L'**AIL** ÉCRASÉ, UN PEU D'**HUILE D'OLIVE** & DE **FLEUR DE SEL** PUIS MIXER UNE DERNIÈRE FOIS.

HARICOTS PLATS & PESTO D'HERBES À LA BROUSSE

<u>10'</u>

QUELQUES **POMMES DE TERRE**
+ HUILE D'OLIVE, BALSAMIQUE, PAPRIKA & SEL

30' FAIRE PRÉCHAUFFER LE FOUR À 190 DEGRÉS. COUPER LES POMMES DE TERRE EN QUARTIERS AVANT DE LES ENROBER D'UN FILET D'HUILE D'OLIVE & D'UNE GÉNÉREUSE C.À C. DE PAPRIKA DOUX (OU FUMÉ SI L'ON A & QU'ON AIME)

20' LES RÉPARTIR SUR UNE PLAQUE DE CUISSON AVANT DE LES ASSAISONNER DE FLEUR DE SEL. ENFOURNER POUR ENVIRON 20 MINUTES.

10' PRÉPARER LA SAUCE PENDANT LA CUISSON EN ÉMINÇANT FINEMENT QUELQUES **VERTS DE BLETTES** AVANT DE LES MÉLANGER AVEC 250 G DE **FROMAGE BLANC,** 1 C.À S. DE **TAHINI**, DE **L'AIL** ÉCRASÉ, UN TRAIT DE **JUS DE CITRON** & UNE BELLE PINCÉE DE **FLEUR DE SEL**.

(IDÉALEMENT, RÉCHAUFFER LÉGÈREMENT LES POTATOES AU FOUR AVANT DE LES SERVIR).

GRANDES POTATOES, FROMAGE BLANC AUX BLETTES

30'

QUAND L'AUTOMNE ARRIVE

2 OU 3 **CAROTTES**
1 GRAND **PANAIS**
+ HUILE D'OLIVE, SEL & POIVRE

20' DÉTAILLER LES LÉGUMES EN GROSSES FRITES AVANT DE LES CUIRE À LA VAPEUR PENDANT ENVIRON 10 MINUTES (ON PEUT RAJOUTER LES PANAIS 2 OU 3 MINUTES APRÈS LES CAROTTES MAIS LES DEUX DOIVENT ENSUITE POUVOIR SE TENIR FACILEMENT ENTRE LES DOIGTS).
ON PEUT AUSSI LES RÔTIR 20 MINUTES DANS LE FOUR À 180 DEGRÉS, PRÉALABLEMENT SALÉS & ENROBÉS D'HUILE D'OLIVE. BIEN POIVRER.

05' POUR LA SAUCE, MIXER 50 G DE **PARMESAN** & 100 G DE **RICOTTA**, AVEC UNE GROSSE POIGNÉE D'**AMANDES** & UNE RASADE DE **SAUCE SOJA FUMÉE** (OU D'UN AUTRE ARÔME FUMÉ). BIEN MIXER L'ENSEMBLE POUR OBTENIR UNE TEXTURE HOMOGÈNE. NE PAS TROP HÉSITER À ALLONGER AVEC UN FILET D'EAU SI BESOIN.

PANAIS & CAROTTES, CRÈME DE PARMESAN FUMÉE

20'

LES FLEURETS D'UN **CHOU ROMANESCO** + HUILE DE COCO, CORIANDRE & GINGEMBRE

25' FAIRE TREMPER 1/2 TASSE DE **NOIX DE CAJOU** & PRÉCHAUFFER LE FOUR À 180 DEGRÉS. PENDANT CE TEMPS-LÀ : SÉPARER LES TÊTES DU ROMANESCO POUR OBTENIR DES PETITES BOUCHÉES. UTILISER LA CHALEUR DU FOUR POUR Y FAIRE FONDRE 2 C. À S. D'HUILE DE COCO PUIS LA MÉLANGER AVEC QUELQUES GRAINES DE CORIANDRE ÉCRASÉES & UN PETIT MORCEAU DE GINGEMBRE RÂPÉ (OU EN POUDRE).

20' BIEN ENROBER LES SOMMITÉS DU CHOU AVEC LE MÉLANGE AVANT DE LES RÉPARTIR SUR UNE PLAQUE DE CUISSON & DE LES ENFOURNER POUR UNE BONNE VINGTAINE DE MINUTES.

05' PRÉPARER LA SAUCE EN PARALLÈLE EN MIXANT LES **NOIX DE CAJOU** AVEC 2 C. À S. DE **YAOURT DE COCO**, UN PEU D'**AIL** ÉCRASÉ, UNE POINTE DE **CARDAMOME** & UNE PINCÉE DE **FLEUR DE SEL**. SERVIR AVEC UN FILET DE JUS DE **CITRON VERT**.

FLEURETS DE ROMANESCO, SAUCE COCO CARDAMOME

25'

UNE BONNE RAISON D'AIMER L'HIVER

1 PETITE BOULE DE **CÉLERI-RAVE**
+ HUILE D'OLIVE, CURRY DOUX & FLEUR DE SEL

35' PRÉCHAUFFER LE FOUR À 180 DEGRÉS & EN PROFITER POUR ÉPLUCHER LE CÉLERI PUIS LE DÉCOUPER EN GROSSES FRITES (ENVIRON 1 CM DE CÔTÉ) AVANT DE LES ENROBER D'UN PEU DE CURRY, D'HUILE D'OLIVE & DE FLEUR DE SEL.

30' LES RÉPARTIR SUR UNE PLAQUE DE CUISSON EN LES ESPAÇANT BIEN POUR LEUR LAISSER LA PLACE DE RÔTIR TRANQUILLEMENT.
LES ENFOURNER POUR ENVIRON 30 MINUTES.

05' POUR LA SAUCE, MIXER, AU GOÛT, ENTRE 50 & 100 G DE **FOURME D'AMBERT** AVEC 100 G DE **FROMAGE BLANC**, UNE POIGNÉE DE **NOISETTES** & UN BEAU FILET DE **VINAIGRE DE CIDRE**.

FRITES DE CÉLERI RÔTI, SAUCE FOURME & NOISETTES

35'

1 BON FAGOT DE **SALSIFIS**
+ HUILE NEUTRE, CITRON VERT & SAUCE SOJA

25' ÉPLUCHER LES SALSIFIS DIRECTEMENT DANS UN SALADIER D'EAU FROIDE (SINON ÇA COLLE).

20' FAIRE CHAUFFER DE L'HUILE NEUTRE DANS LA POÊLE AVANT D'Y FAIRE GRILLER LES SALSIFIS PENDANT QUELQUES MINUTES SUR FEU VIF. DÈS QU'ILS SONT BIEN COLORÉS, BAISSER LE FEU, AJOUTER UN FOND D'EAU & LES ZESTES DU CITRON PUIS COUVRIR & LAISSER CUIRE TRANQUILLEMENT (ENTRE 15 & 20 MINUTES). LES PIQUER AVEC LA POINTE DU COUTEAU POUR S'ASSURER DE LEUR CUISSON À CŒUR. FINIR LEUR CUISSON EN LES DÉGLAÇANT AVEC 1 BONNE C. À S. DE SAUCE SOJA SALÉE TOUT EN VEILLANT À BIEN LES Y ENROBER.

05' PRÉPARER LA SAUCE (PENDANT LA CUISSON DES SALSIFIS) EN MIXANT UNE BONNE DIZAINE DE **CHAMPIGNONS DE PARIS** AVEC LE JUS DU **CITRON VERT**, 2 BELLES C. À S. DE **MISO BRUN**, UN LÉGER FILET D'**HUILE DE SÉSAME** & UN PEU DE **GINGEMBRE** RÂPÉ. POUR FINIR LA SAUCE, VERSER PROGRESSIVEMENT DU **LAIT DE SOJA** JUSQU'À OBTENIR UNE TEXTURE BIEN LISSE.

SALSIFIS CITRONNÉS & SAUCE CHAMPIGNONS

25'

IT'S FRITTATIME

UN PLAT MODESTE & DÉLICIEUX
À DÉCLINER DE MILLE MANIÈRES

FRITTATA MODE D'EMPLOI

UNE FOIS MAÎTRISÉS L'APPAREIL ET LA CUISSON DE BASE, IL SUFFIT DE DÉCLINER AVEC LES PRODUITS QUE L'ON A SOUS LA MAIN POUR EN FAIRE UN APÉRIKIF GÉNÉREUX.

LA GARNITURE

PRÉPARER LA GARNITURE PRINCIPALE DE LA FRITTATA AFIN DE N'AVOIR PLUS QU'À L'AJOUTER LE MOMENT VENU.

L'APPAREIL

BATTRE 5 OU 6 **ŒUFS** AVEC UNE BONNE PINCÉE DE **SEL** AINSI QUE LES HERBES/ÉPICES DE SON CHOIX.

LA CUISSON

À FEU BIEN VIF, CHAUFFER LA POÊLE AVEC UN FILET D'**HUILE** AVANT D'Y VERSER L'APPAREIL.

DÈS QUE LE FOND & LES BORDS SONT PRIS, AJOUTER PAR-DESSUS LA GARNITURE PRÉPARÉE AU DÉBUT PUIS BAISSER LE FEU, COUVRIR & LAISSER CUIRE 10 MINUTES. AJOUTER LES PETITS BONUS DE SON CHOIX (FROMAGES, NOIX VARIÉES, ETC.) JUSTE AVANT LA FIN DE LA CUISSON.

C'EST PRÊT QUAND TOUTE LA SURFACE EST BIEN PRISE.

LE PRINTEMPS, ÇA SE FÊTE !

1 BEAU BULBE DE **FENOUIL**
1 GROSSE POIGNÉE DE **CERISES**
6 **ŒUFS** & 100 G DE **CHÈVRE FRAIS**
+ HUILE D'OLIVE, AIL, SEL & ZAATAR (OU THYM)

30' DÉTAILLER LE FENOUIL EN LAMELLES AVANT DE LES FAIRE CUIRE DANS LE PANIER VAPEUR ENTRE 5 & 10 MINUTES (EN FONCTION DE CE QUE L'ON PRÉFÈRE, CROQUANT OU FONDANT).

25' PENDANT LA CUISSON, PRÉPARER L'APPAREIL EN BATTANT LES ŒUFS AVEC LE SEL, UNE OU DEUX GOUSSES D'AIL ÉCRASÉE & UNE GROSSE C. À C. DE ZAATAR (OU DE THYM).

20' FAIRE CHAUFFER LA POÊLE HUILÉE À FEU VIF AVANT DE VERSER L'APPAREIL POUR LE SAISIR. AJOUTER LE FENOUIL, COUVRIR & BAISSER LE FEU POUR FAIRE PRENDRE L'ENSEMBLE.

05' AVANT QUE LA FRITTATA SOIT TOTALEMENT FERME, DISPOSER DES MORCEAUX DE CHÈVRE FRAIS & QUELQUES CERISES COUPÉES EN DEUX. REPLACER LE COUVERCLE POUR 5 MINUTES DE CUISSON SUPPLÉMENTAIRES.

+ AMANDES & PLUCHES DE FENOUIL

FRITTATA AU FENOUIL, CERISES & CHÈVRE FRAIS

30'

LE PRINTEMPS, ÇA SE FÊTE!

1 BONNE QUANTITÉ DE **FEUILLES D'ÉPINARDS**
1 TASSE DE **FÈVES** (FRAÎCHES OU SURGELÉES)
6 GROS **ŒUFS** + 2 GOUSSES D'**AIL**
+ HUILE D'OLIVE, AIL, CITRON, SEL & POIVRE

20' NETTOYER LES ÉPINARDS & PRÉPARER LES FÈVES. INUTILE DE LES PRÉCUIRE. SI ELLES SONT FRAÎCHES, LES ÉCOSSER SIMPLEMENT & LES METTRE DE CÔTÉ POUR PLUS TARD. SI ELLES SONT SURGELÉES, LES RÉSERVER DANS UN BOL À TEMPÉRATURE AMBIANTE. BATTRE LES ŒUFS AVEC L'AIL (DOSER À SON GOÛT), DU SEL & DES ZESTES DE CITRON.

15' SAISIR L'APPAREIL DANS LA POÊLE CHAUFFÉE SUR FEU VIF, AJOUTER LES ÉPINARDS DESSUS EN LES ENFONÇANT LÉGÈREMENT PUIS COUVRIR IMMÉDIATEMENT & BAISSER LE FEU POUR LES FAIRE RÉDUIRE & CUIRE L'APPAREIL À CŒUR.

05' AVANT QUE LA FRITTATA SOIT TOTALEMENT FERME, Y DISPOSER LES FÈVES, PRESSER LE CITRON PAR-DESSUS, REMETTRE LE COUVERCLE & CONTINUER POUR 5 MINUTES DE CUISSON.

+ GRAINES DE COURGE & PARMESAN

FRITTATA AUX ÉPINARDS, FÈVES & PARMESAN

20'

SOUS LE SOLEIL DE L'ÉTÉ

1 **NECTARINE** (OU PÊCHE, BRUGNON)
2 BELLES POIGNÉES DE **HARICOTS VERTS**
ENVIRON 50 G DE **FETA**
5 GROS **ŒUFS** + 2 GOUSSES D'**AIL**

30' METTRE LES HARICOTS VERTS DANS LE PANIER VAPEUR POUR 10 MINUTES DE CUISSON.

25' PENDANT CE TEMPS-LÀ, PRÉPARER L'APPAREIL EN BATTANT LES ŒUFS AVEC UNE PINCÉE DE SEL & LES GOUSSES D'AIL ÉCRASÉES.

20' RETIRER LES HARICOTS DU FEU, LES REFROIDIR SOUS L'EAU & DISPOSER LA POÊLE À LA PLACE. Y FAIRE CHAUFFER UN FILET D'HUILE À FEU VIF AVANT DE VERSER L'APPAREIL DEDANS.

15' QUAND LE FOND DE LA FRITTATA COMMENCE À PRENDRE, AJOUTER LES HARICOTS VERTS, UN COUVERCLE & BAISSER LE FEU POUR LAISSER CUIRE À CŒUR PENDANT 10 MINUTES.

05' AVANT QUE LA FRITTATA SOIT TOTALEMENT CUITE EN SURFACE, AJOUTER LES LAMELLES DE NECTARINE & LA FETA ÉMIETTÉE EN GROS MORCEAUX, PUIS POIVRER GÉNÉREUSEMENT AVANT DE FINIR LA CUISSON À COUVERT.

+ NOISETTES & CORIANDRE FRAÎCHE

FRITTATA AUX HARICOTS VERTS, NECTARINE & FETA

30'

SOUS LE SOLEIL DE L'ÉTÉ

1 **POIVRON ROUGE**
2 BELLES **FIGUES FRAÎCHES**
125 G DE BROUSSE (OU RICOTTA)
5 **ŒUFS** + 2 C.À S. DE **CONCENTRÉ DE TOMATES**
+ AIL, HUILE D'OLIVE, SEL & POIVRE

30' DANS LA POÊLE BIEN CHAUDE, FAIRE CHAUFFER UN FILET D'HUILE & FAIRE REVENIR LE POIVRON COUPÉ EN LAMELLES AVEC 2 OU 3 GOUSSES D'AIL ÉCRASÉES & UNE PINCÉE DE FLEUR DE SEL.

25' BATTRE LES ŒUFS & 2 C.À S. DE CONCENTRÉ DE TOMATES, SALER, POIVRER & RÉSERVER.

20' UNE FOIS LES POIVRONS BIEN COLORÉS, LES ENLEVER DE LA POÊLE PUIS LA REMETTRE SUR LE FEU VIF & Y VERSER LES ŒUFS BATTUS.

15' REPLACER LES POIVRONS PAR-DESSUS, BAISSER LE FEU, COUVRIR & LAISSER PRENDRE 5-10 MIN.

05' QUAND LA FRITTATA EST PRESQUE CUITE, AJOUTER LES FIGUES COUPÉES EN QUARTIERS, & LA BROUSSE PUIS REMETTRE LE COUVERCLE LE TEMPS DE FINIR LA CUISSON.

+ PIGNONS DE PIN GRILLÉS & POIVRE

FRITTATA AUX POIVRONS, FIGUES & BROUSSE DE CHÈVRE

30’

SOUS LE SOLEIL DE L'ÉTÉ

1 BELLE **AUBERGINE**
1 PETITE **COURGETTE**
QUELQUES LAMELLES D'**OIGNON ROUGE**
QUELQUES TRANCHES DE **SCAMORZA FUMÉE**
5 **ŒUFS** + **AIL**, SEL & POIVRE

30' COUPER L'AUBERGINE EN GROS DÉS PUIS LA PRÉCUIRE À LA VAPEUR PENDANT 10 BONNES MINUTES POUR QU'ELLE SOIT BIEN FONDANTE. PENDANT CE TEMPS, ÉCRASER 3 GOUSSES D'AIL & LES AJOUTER AUX ŒUFS BATTUS AVEC DU SEL & UN BON TOUR DE MOULIN À POIVRE.

20' CHAUFFER DE L'HUILE DANS LA POÊLE À FEU VIF & Y SAISIR L'APPAREIL ASSAISONNÉ. AJOUTER L'AUBERGINE CUITE, BAISSER LE FEU, COUVRIR & LAISSER CUIRE TRANQUILLEMENT. EN PROFITER POUR COUPER D'ASSEZ FINES LAMELLES DE COURGETTE & D'OIGNON ROUGE.

05' AVANT QUE LA SURFACE SOIT PRISE, AJOUTER LA COURGETTE & L'OIGNON ROUGE AINSI QUE QUELQUES MORCEAUX DE SCAMORZA FUMÉE. REPLACER LE COUVERCLE POUR 5 GROSSES MINUTES, LE TEMPS DE FINALISER LA CUISSON.

+ BASILIC & PIGNONS DE PIN

FRITTATA ESTIVALE À LA SCAMORZA FUMÉE

30'

SOUS LE SOLEIL DE L'ÉTÉ

1 MIX DE **FRUITS DE SAISON**
(ICI PÊCHE, PRUNES & ABRICOTS)
5 **ŒUFS** + 2-3 C. À S. DE **MIEL**
+ HUILE DE COCO, GINGEMBRE & SUMAC

25' DÉCOUPER LES FRUITS DE MANIÈRE À GARDER DE GÉNÉREUX MORCEAUX BIEN JUTEUX. PRÉPAPER L'APPAREIL EN MÉLANGEANT BIEN VIGOUREUSEMENT LES ŒUFS AVEC LE MIEL. Y AJOUTER 1 C. À C. DE GINGEMBRE (SOIT RÂPÉ FRAIS SOIT MOULU) & 1 C. À S. DE SUMAC.

20' FAIRE FONDRE 1 C. À S. D'HUILE DE COCO DANS LA POÊLE CHAUDE, SAISIR L'APPAREIL EN LE VERSANT SUR FEU VIF AVANT D'AJOUTER LES FRUITS EN LES PRESSANT LÉGÈREMENT DEDANS.

15' COUVRIR, BAISSER LE FEU & LAISSER CUIRE TRANQUILLEMENT (ENTRE 10 & 15 MINUTES) JUSQU'À CE QUE L'APPAREIL SOIT BIEN FERME.

+ PISTACHES & CHIPS DE COCO

FRITTATA SUCRÉE AU MIEL, FRUITS D'ÉTÉ & SUMAC

25'

QUAND L'AUTOMNE ARRIVE

LA TÊTE D'UN PETIT **BROCOLI**
QUELQUES FLEURETS DE **CHOU-FLEUR**
LE JUS & LES ZESTES D'UNE **ORANGE**
6 **ŒUFS** + POIVRE & FLEUR DE SEL
+ HUILE D'OLIVE, AIL, CÂPRES & OLIVES

30' PLACER LES MORCEAUX DE CHOU-FLEUR DANS LE PANIER VAPEUR. AU BOUT DE 5 MINUTES, AJOUTER LE BROCOLI DÉTAILLÉ & CONTINUER LA CUISSON PENDANT 5 MINUTES (PAS PLUS !)

25' PENDANT CE TEMPS, BATTRE LES ŒUFS AVEC LE JUS D'ORANGE, DU SEL, DU POIVRE & 2 OU 3 GOUSSES D'AIL ÉCRASÉES AU COUTEAU.

20' CHAUFFER DE L'HUILE D'OLIVE DANS LA POÊLE À FEU FORT & Y VERSER L'APPAREIL AVANT D'Y ENFONCER LES LÉGUMES CUITS.

15' BAISSER LE FEU & PLACER LE COUVERCLE POUR LAISSER CUIRE LA FRITTATA À CŒUR.

05' JUSTE AVANT QUE LA SURFACE SOIT SAISIE TOTALEMENT, AJOUTER LES OLIVES NOIRES, LES CÂPRES & LES ZESTES D'ORANGE. COUVRIR POUR QUELQUES DERNIÈRES MINUTES.

+ FEUILLES D'ESTRAGON FRAIS

FRITTATA AUX 2 CHOUX, OLIVES NOIRES & ESTRAGON

30'

QUAND L'AUTOMNE ARRIVE

3-4 PETITES **POMMES DE TERRE**
2 JOLIES **CAROTTES**
5 **ŒUFS** + POIVRE & FLEUR DE SEL
+ HUILE D'OLIVE, AIL & OLIVES VERTES

35' FAIRE CHAUFFER LA POÊLE AVEC UN FOND D'HUILE D'OLIVE. FAIRE REVENIR L'AIL ÉCRASÉ PUIS AJOUTER LES POMMES DE TERRE & LES CAROTTES EN RONDELLES. LES FAIRE COLORER À FEU VIF PENDANT 5 MINUTES (MÉLANGER RÉGULIÈREMENT POUR NE PAS QUE ÇA BRÛLE).

30' AJOUTER UN FOND D'EAU & UN COUVERCLE. BAISSER LE FEU & LAISSER CUIRE À CŒUR (AU MOINS UNE BONNE DIZAINE DE MINUTES). PARALLÈLEMENT, PRÉPARER L'APPAREIL EN BATTANT LES ŒUFS AVEC DE LA FLEUR DE SEL & UN PEU DE POIVRE.

20' METTRE LES LÉGUMES DE CÔTÉ & VERSER LES ŒUFS DANS LA POÊLE AVANT D'Y REMETTRE LES LÉGUMES. BAISSER LE FEU & REPLACER LE COUVERCLE JUSQU'À CE QUE L'ENSEMBLE DE LA FRITTATA SOIT CUIT (ENVIRON 10 MINUTES).

00' AJOUTER LES OLIVES À LA DERNIÈRE MINUTE.

+ GRAINES DE TOURNESOL & SAUGE

FRITTATA AUX CAROTTES, POMMES DE TERRE & SAUGE

35'

UNE BONNE RAISON D'AIMER L'HIVER

UNE BONNE DIZAINE DE **CHOUX DE BRUXELLES**
2 OU 3 PETITES **ÉCHALOTES**
LE JUS & LES ZESTES D'UNE **MANDARINE**
5 **ŒUFS** + ALGUES & PIMENT FUMÉ
+ VINAIGRE DE RIZ, GINGEMBRE & SAUCE SOJA

30' RÂPER (OU TAILLER) FINEMENT LES CHOUX DE BRUXELLES & L'ÉCHALOTE. PLACER L'ENSEMBLE DANS UN GRAND SALADIER AVEC 2 C. À S. DE VINAIGRE DE RIZ, DU GINGEMBRE (FRAIS OU EN POUDRE) & LE JUS DE LA MANDARINE PUIS LAISSER MARINER.

25' BIEN BATTRE LES ŒUFS AVEC 1 C. À S. D'ALGUES SÉCHÉES & 1 PETITE C. À C. DE PIMENT FUMÉ.

20' FAIRE CHAUFFER LA POÊLE SUR FEU VIF AVEC UNE HUILE NEUTRE. VERSER L'APPAREIL PUIS LES LÉGUMES MARINÉS. ATTENDRE 1 MINUTE,

15' DISPOSER UN COUVERCLE & BAISSER LE FEU. LAISSER CUIRE TRANQUILLEMENT EN ÉPAISSEUR. AU BOUT DE 10 À 15 MINUTES, C'EST PRÊT !

+ ZESTES, SAUCE SOJA & PIMENT FUMÉ

FRITTATA OKONOMIYAKI DE CHOUX DE BRUXELLES

30'

UNE BONNE RAISON D'AIMER L'HIVER

1 **POIREAU** (DE TAILLE MOYENNE)
4 OU 5 PETITS **NAVETS**
5 **ŒUFS** + FLEUR DE SEL
+ HUILE D'OLIVE & ZAATAR (OU THYM)

50' PRÉCHAUFFER LE FOUR À 180 DEGRÉS. NETTOYER & DÉTAILLER LES LÉGUMES (À LA TAILLE DE BOUCHÉES) PUIS LES ENROBER DANS 2 C.À S. DE ZAATAR & 2 C.À S. D'HUILE D'OLIVE. BIEN RÉPARTIR EN UNE SEULE COUCHE SUR DU PAPIER CUISSON, PARSEMER DE FLEUR DE SEL & ENFOURNER POUR 30 BONNES MINUTES.

20' BATTRE LES ŒUFS AVEC LE SEL. CHAUFFER LA POÊLE GRAISSÉE À L'HUILE D'OLIVE AVANT D'Y VERSER L'APPAREIL (SUR FEU PLUTÔT VIF).

15' DISPOSER LES LÉGUMES SUR L'ENSEMBLE DE LA POÊLE PUIS BAISSER LE FEU & LAISSER CUIRE À COUVERT PENDANT 15 BONNES MINUTES.

+ AMANDES & FIGUES SÉCHÉES

FRITTATA AUX POIREAUX & NAVETS AU ZAATAR

50’

UNE BONNE RAISON D'AIMER L'HIVER

1 BEAU MORCEAU (500 G) DE **BUTTERNUT**
1 PETITE **POMME** (ACIDE DE PRÉFÉRENCE)
QUELQUES FEUILLES DE **TRÉVISE**
50 G D'UN BON **FROMAGE BLEU**
5 **ŒUFS** + 1 OU 2 GOUSSES D'**AIL**
+ HUILE D'OLIVE, SEL & POIVRE

30' COUPER LE BUTTERNUT EN GROS DÉS POUR LES CUIRE À LA VAPEUR PENDANT 10 MINUTES. PENDANT CE TEMPS, PRENDRE UN GRAND BOL & Y MÉLANGER LES ŒUFS AVEC LES GOUSSES D'AIL ÉCRASÉES, DU SEL & DU POIVRE.

20' CHAUFFER LA POÊLE SUR UN FEU ASSEZ FORT, HUILER & VERSER L'APPAREIL DEPUIS LE BOL. DISPOSER LES DÉS DE BUTTERNUT PRÉCUITS, AJOUTER LA POMME EN FINS QUARTIERS.

15' PLACER LE COUVERCLE & BAISSER LE FEU POUR LAISSER CUIRE PENDANT 10 À 15 MINUTES.

05' 5 MINUTES AVANT LA FIN DE LA CUISSON, POSER SUR LA FRITTATA QUELQUES FEUILLES DE TRÉVISE, DES NOIX HACHÉES & LE FROMAGE GROSSIÈREMENT ÉMIETTÉ AVANT DE REPLACER UNE DERNIÈRE FOIS LE COUVERCLE.

FRITTATA À LA BUTTERNUT, POMME & FOURME D'AMBERT

30'

CANAPÉS SUR CANAPÉ

MODE D'EMPLOI & GARNITURES POUR CHANGER DES TARTINES DE TARAMA

LES TARTINES SONT UN CLASSIQUE DE L'APÉRITIF QUI NE DEMANDENT QU'À ÊTRE GARNIES DE BEAUX LÉGUMES ET AUTRES CONDIMENTS POUR ÉVEILLER LES PAPILLES.

EN INTÉGRANT L'ÉQUATION TARTINE & EN RESPECTANT QUELQUES LIGNES DE CONDUITE, ON PEUT DÉCLINER À L'INFINI & PROPOSER À SES INVITÉS DES CANAPÉS SURPRENANTS, DÉLICIEUX & TOUJOURS DIFFÉRENTS QUI TAPERONT TOUJOURS EN PAIN DANS LE MILLE.

SI LA QUALITÉ DU PAIN N'EST PAS À NÉGLIGER POUR UNE TARTINE DÉLICIEUSE, SA FONCTION PREMIÈRE RESTE D'AMENER LA GARNITURE JUSQU'À LA BOUCHE.

❶ PRÉPARER LES LÉGUMES (3 MAX.) DE <u>LA GARNITURE</u>.
POUR RÉUSSIR UNE TARTINE, IL SUFFIT D'IMAGINER UNE DÉLICIEUSE SALADE BIEN ASSAISONNÉE, D'IDENTIFIER SES DIFFÉRENTS ÉLÉMENTS & DE LES DISPOSER DANS UNE JUSTE MESURE SUR UNE BELLE TRANCHE DE PAIN GRILLÉ.

❷ ASSEMBLER <u>UNE BELLE SAUCE</u> POUR LA BASE.
SALÉE OU SUCRÉE, EN VARIANT LE PAIN & LA GARNITURE, ELLE EST UN EXCELLENT SUPPORT POUR LAISSER LIBRE COURS À SES ENVIES & À SA CRÉATIVITÉ APÉRITIVE.

❸ DRESSER SUR <u>UN PAIN</u> DE BONNE QUALITÉ.
EN LE FAISANT LÉGÈREMENT GRILLER & EN DÉTAILLANT DE PETITS TOASTS AVANT DE LES GARNIR, ON S'ASSURE DES PETITES BOUCHÉES GOURMANDES & FACILES À MANGER.

DES FRUITS & LÉGUMES DE SAISON
DES BONUS DE SAVEUR & DE TEXTURE
UNE SAUCE NAPPANTE & ONCTUEUSE
DU BON PAIN, ÉPAIS & BIEN GRILLÉ

LE PRINTEMPS, ÇA SE FÊTE !

2 TRANCHES DE **PAIN DE CAMPAGNE**
1 DIZAINE DE **FRAISES**
1 GÉNÉREUSE POIGNÉE DE **PETITS POIS**
50 G D'UNE BONNE **FETA**
+ HUILE D'OLIVE, SEL, POIVRE & CITRON VERT

15' DÉCOUPER LES FRAISES COMME ON AIME LE FAIRE & LES ASSAISONNER AVEC DE L'HUILE D'OLIVE, UN PEU DE SEL, DU JUS DE CITRON VERT & UNE GÉNÉREUSE DOSE DE POIVRE.

10' ÉCOSSER LES PETITS POIS (S'ILS SONT FRAIS). ON PEUT LES CUIRE 5 MINUTES À LA VAPEUR AVANT DE LES REFROIDIR SOUS L'EAU FROIDE OU BIEN LES GARDER CRUS, BIEN CROQUANTS.

05' ARROSER LES TRANCHES DE PAIN D'UN JOLI FILET D'HUILE D'OLIVE & LES FAIRE GRILLER AVANT DE LES DÉTAILLER EN 6 TOASTS.

00' DISPOSER LES FRAISES BIEN ASSAISONNÉES (ON PEUT COMMENCER PAR MOUILLER LE PAIN AVEC LEUR MARINADE) & LES PETITS POIS.

+ FETA & ZESTES DE CITRON VERT

FRAISES EN VINAIGRETTE, PETITS POIS & FETA

15’

COLLECTION PRINTEMPS/ÉTÉ

2 TRANCHES DE **PAIN SEMI-COMPLET**
1 PETITE **POMME** (BIEN JUTEUSE)
QUELQUES LAMELLES DE **FENOUIL**
2 C. À S. DE **PURÉE D'AMANDES**
+ MIEL & JUS DE CITRON

15' COMMENCER PAR PRÉPARER LE FENOUIL EN DÉTAILLANT DES LAMELLES ASSEZ FINES.

10' DANS UN PETIT BOL, MÉLANGER 1 C. À S. DE MIEL AVEC LE JUS D'UN DEMI-CITRON AVANT D'Y AJOUTER LE FENOUIL EN MÉLANGEANT BIEN. LAISSER REPOSER AU FRAIS PENDANT QUE L'ON S'OCCUPE DES TARTINES.

00' FAIRE GRILLER 2 BELLES TRANCHES DE PAIN (ON PEUT AUSSI PRENDRE DU PAIN DE SEIGLE) & LES COUPER CHACUNE EN 3 AVANT DE LES TARTINER DE PURÉE D'AMANDES (COMPLÈTES). DÉCOUPER DE JOLIES TRANCHES DE POMME, LES DISPOSER SUR LES TOASTS PUIS AJOUTER LES MORCEAUX DE FENOUIL MARINÉ AU CITRON.

+ GOMASIO & PLUCHES DE FENOUIL

PURÉE D'AMANDES, POMME & FENOUIL MARINÉ AU MIEL

15'

SOUS LE SOLEIL DE L'ÉTÉ

2 TRANCHES DE **PAIN AUX GRAINES**
1 BELLE PETITE **COURGETTE**
2 **ABRICOTS** (BIEN MÛRS)
2 GROSSES C.À S. DE **TAHINI**
+ HUILE D'OLIVE, MIEL, AIL & JUS DE CITRON

20' COUPER LA COURGETTE EN FINES LAMELLES À L'AIDE D'UN ÉCONOME AVANT DE LES FAIRE MARINER AVEC DU JUS DE CITRON, 1 GOUSSE D'AIL ÉCRASÉE, DE L'HUILE D'OLIVE & UNE PINCÉE DE FLEUR DE SEL. RÉSERVER AU FRAIS JUSQU'AU MOMENT DE DRESSER.

05' BIEN MÉLANGER LE TAHINI AVEC 1 C.À C. DE BON MIEL (D'ACACIA PAR EXEMPLE). ON PEUT ALLONGER SA TEXTURE AVEC UN FILET D'EAU AJOUTÉ PROGRESSIVEMENT.

00' FAIRE GRILLER LE PAIN AVANT DE LE DÉTAILLER. SUR CHAQUE TOAST, TARTINER UN PEU DE SAUCE AU TAHINI, AJOUTER LES COURGETTES & DISPOSER QUELQUES MORCEAUX D'ABRICOT.

+ POIVRE, BASILIC & AMANDES FRAÎCHES

COURGETTES MARINÉES, ABRICOTS & AMANDES

20'

SOUS LE SOLEIL DE L'ÉTÉ

2 TRANCHES DE **PAIN MULTICÉRÉALES**
2 OU 3 **TOMATES MULTICOLORES**
1/2 **OIGNON ROUGE**
ENVIRON 50 G DE **GORGONZOLA**
+ HUILE D'OLIVE, SEL & VINAIGRE BALSAMIQUE

15' ÉMINCER FINEMENT L'OIGNON ROUGE AVANT DE LE PLACER DANS UN PETIT RÉCIPIENT AVEC UN BON GROS FILET DE VINAIGRE BALSAMIQUE. COUPER LES TOMATES EN PETITES BOUCHÉES.

05' FAIRE GRILLER LES TRANCHES DE PAIN AVANT DE LES ASSAISONNER AVEC UN FILET D'HUILE D'OLIVE & UNE PINCÉE DE FLEUR DE SEL.

00' TARTINER DESSUS UN PEU DU GORGONZOLA PUIS DISPOSER GÉNÉREUSEMENT LES TOMATES. RÉPARTIR DESSUS LE RESTE DE GORGONZOLA, QUELQUES LAMELLES D'OIGNON ROUGE MARINÉ & UN BEAU FILET D'HUILE D'OLIVE.

+ DUKKAH (OU CURRY + GRAINES)

FAÇON PAN CON TOMATE, GORGONZOLA & DUKKAH

15'

SOUS LE SOLEIL DE L'ÉTÉ

2 TRANCHES DE **PAIN DE CAMPAGNE**
1 BONNE TASSE DE **FRAMBOISES**
2 OU 3 C. À S. DE **BEURRE DE CACAHUÈTES**
(SANS SUCRE NI HUILE AJOUTÉS)
+ JUS DE CITRON (JAUNE OU VERT)

10' À LA FOURCHETTE, ÉCRASER GROSSIÈREMENT LES FRAMBOISES AVEC UN FILET DE JUS DE CITRON. LES RÉSERVER POUR LE DRESSAGE.

05' FAIRE GRILLER LE PAIN JUSQU'À CE QUE LES TRANCHES SOIENT BIEN CROUSTILLANTES.

00' LES COUPER CHACUNE EN TROIS AVANT DE LES RECOUVRIR D'UNE BELLE COUCHE DE BEURRE DE CACAHUÈTES (L'ASSOUPLIR PROGRESSIVEMENT AVEC UN TOUT PETIT PEU D'EAU SI BESOIN). RÉPARTIR GÉNÉREUSEMENT PAR-DESSUS LA PURÉE DE FRAMBOISES CITRONNÉES.

+ CACAHUÈTES & FÈVES DE CACAO

BEURRE DE CACAHUÈTES, FRAMBOISES & CACAO

10'

SOUS LE SOLEIL DE L'ÉTÉ

2 TRANCHES DE **PAIN AUX GRAINES**
1 **AUBERGINE** DE BEAU CALIBRE
3 C. À S. DE **STRACCIATELLA**
\+ HUILE D'OLIVE, PIMENT, AIL, SEL & CITRON

20' COMMENCER PAR DÉTAILLER L'AUBERGINE EN GROS DÉS & LA CUIRE VAPEUR JUSQU'À CE QU'ELLE SOIT BIEN TENDRE (10-15 MINUTES). PENDANT CE TEMPS-LÀ, FAIRE GRILLER LE PAIN PUIS LE FROTTER AVEC 1 GOUSSE D'AIL.

05' ASSAISONNER L'AUBERGINE ENCORE CHAUDE EN L'ÉCRASANT AVEC UN PEU DE SEL, DE L'HUILE D'OLIVE & UNE RASADE DE JUS DE CITRON.

00' DÉTAILLER LES TRANCHES DE PAIN AVANT D'Y AJOUTER UNE GÉNÉREUSE QUANTITÉ D'ÉCRASÉ D'AUBERGINE. GARNIR DE STRACCIATELLA BIEN CRÉMEUSE PUIS AGRÉMENTER AVEC DES ZESTES DE CITRON & 2 OU 3 PINCÉES DE PIMENT.

\+ MENTHE FRAÎCHE & PIGNONS DE PIN

AUBERGINE, STRACCIATELLA, MENTHE FRAÎCHE & PIMENT

20’

SOUS LE SOLEIL DE L'ÉTÉ

2 TRANCHES DE **PAIN MULTICÉRÉALES**
1 PETIT **CONCOMBRE NOA**
1 OU 2 BELLES **FIGUES FRAÎCHES**
1 GROSSE POIGNÉE D'**AMANDES**
UNE DIZAINE D'**OLIVES NOIRES**
+ HUILE D'OLIVE, AIL & CÂPRES

20' COUPER LE CONCOMBRE EN FINES TRANCHES & LES FAIRE DÉGORGER PENDANT UNE DIZAINE DE MINUTES AVEC UNE GROSSE PINCÉE DE SEL.

15' MIXER RAPIDEMENT LES AMANDES AVEC LES OLIVES NOIRES (DÉNOYAUTÉES, C'EST MIEUX!) & 1 PETITE GOUSSE D'AIL HACHÉE. PRÉPARER LES FIGUES EN ÉPAISSES LAMELLES.

00' FAIRE GRILLER & DÉTAILLER LES TRANCHES DE PAIN PUIS AJOUTER LA TAPENADE EXPRESS. DISPOSER ÉQUITABLEMENT PAR-DESSUS LES LAMELLES DE CONCOMBRE & QUELQUES JOLIS QUARTIERS DE FIGUES FRAÎCHES.

+ CÂPRES & CERNEAUX DE NOIX

ÉCRASÉ D'OLIVES NOIRES, CONCOMBRE & FIGUE FRAÎCHE

20'

2 TRANCHES DE **PAIN AUX GRAINES**
UNE DIZAINE DE **RADIS ROSES**
2 PETITES **BETTERAVES** (CRUES OU CUITES)
3 C. À S. DE **YAOURT ÉPAIS** (TYPE GREC)
+ HUILE D'OLIVE, SEL, CITRON & HARISSA

25' SI L'ON UTILISE DES BETTERAVES CRUES, LES DÉTAILLER À LA TAILLE DE BOUCHÉES AVANT DE LES CUIRE À LA VAPEUR PENDANT ENVIRON 20 MINUTES (VÉRIFIER AVEC UN COUTEAU).

10' SINON, COUPER SIMPLEMENT LES BETTERAVES PRÉCUITES (SOUS-VIDE OU RÔTIES).
DÉCOUPER DES RONDELLES DE RADIS DE FAÇON RÉGULIÈRE (ENVIRON 3 MM D'ÉPAISSEUR) & LES ARROSER D'UN PETIT PEU DE JUS DE CITRON.
ENSUITE, PRÉPARER LA SAUCE EN MÉLANGEANT LE YAOURT AVEC UNE POINTE DE HARISSA, DE LA FLEUR DE SEL & UN FILET D'HUILE D'OLIVE.

00' BIEN ÉTALER LA SAUCE AU YAOURT SUR LES MORCEAUX DE PAIN GRILLÉS & Y RÉPARTIR LES DIFFÉRENTS LÉGUMES DE FAÇON ÉQUITABLE.

+ CITRON CONFIT & GRAINES DE COURGE

BETTERAVE & RADIS CRU, YAOURT À LA HARISSA

25'

QUAND L'AUTOMNE ARRIVE

2 TRANCHES DE **PAIN COMPLET**
1 BELLE **CAROTTE**
1 PETITE **ÉCHALOTE** & DU VINAIGRE DE CIDRE
1 MORCEAU DE **RADIS NOIR**
1 POIGNÉE PLEINE D'**ANETH**
3 C.À S. DE **FROMAGE FRAIS** + DE LA MOUTARDE
+ FLEUR DE SEL, SUCRE, POIVRE & CITRON

15' À L'ÉCONOME, DÉTAILLER DES LAMELLES DE CAROTTES & ÉMINCER ASSEZ FINEMENT L'ÉCHALOTE AVANT DE LES FAIRE MARINER AVEC UNE GÉNÉREUSE RASADE DE VINAIGRE, 1 C.À C. DE SUCRE NON RAFFINÉ, DU SEL, DU POIVRE & LA QUASI-TOTALITÉ DE L'ANETH. (GARDER QUELQUES BRINS POUR LE DRESSAGE).

10' POUR LA SAUCE, MÉLANGER LE FROMAGE FRAIS AVEC 1 C.À S. DE MOUTARDE, UN PEU DE FLEUR DE SEL, LE JUS & LES ZESTES D'1/2 CITRON.

00' SUR LE PAIN BIEN GRILLÉ, METTRE UNE COUCHE DE SAUCE AVANT DE DISPOSER LES CAROTTES & DE FINES TRANCHES DE RADIS NOIR.

+ ANETH & GRAINES DE COURGE

GRAVLAX DE CAROTTE AU CITRON & À L'ANETH

15'

UNE BONNE RAISON D'AIMER L'HIVER

2 BELLES TRANCHES DE **PAIN AU LEVAIN**
QUELQUES FLEURETS DE **CHOU-FLEUR**
DE JOLIES FEUILLES DE **TRÉVISE** (OU ENDIVE)
2 GROSSES C. À S. DE **PURÉE DE CAJOU**
1 GROSSE C. À S. DE **YAOURT COCO**
+ HUILE DE COCO, CITRON, AIL, CURRY & MISO

20' ENROBER LES FLEURETS DE CHOU-FLEUR AVEC UN PEU DE CURRY & D'HUILE DE COCO AVANT DE LES ENFOURNER POUR 10-15 MINUTES DANS LE FOUR PRÉCHAUFFÉ À 180 DEGRÉS.
DANS UN BOL, CITRONNER LÉGÈREMENT LES FEUILLES DE TRÉVISE & METTRE DE CÔTÉ.

05' PENDANT CE TEMPS, PRÉPARER LA SAUCE EN MÉLANGEANT LA PURÉE DE CAJOU (ON PEUT AUSSI FAIRE TREMPER 40 G DE NOIX DE CAJOU AVANT DE LES MIXER AVEC UN PETIT PEU D'EAU FRAÎCHE) AVEC LE YAOURT COCO, 1 GOUSSE D'AIL ÉCRASÉE & UN PEU DE MISO.

00' FAIRE GRILLER LE PAIN AVANT DE LE TARTINER DE SAUCE. DISPOSER ENSUITE LE CHOU-FLEUR RÔTI & QUELQUES FEUILLES DE TRÉVISE.

+ RAISINS SECS & NOIX DE CAJOU

CRÈME DE NOIX DE CAJOU & CHOU-FLEUR AU CURRY

20'

QUAND L'AUTOMNE ARRIVE

2 TRANCHES DE **PAIN DE CAMPAGNE**
QUELQUES FEUILLES DE **CHOU KALE**
1 TASSE DE **HARICOTS BLANCS** (CUITS)
30-40 G DE **MIMOLETTE VIEILLE**
+ HUILE D'OLIVE, SEL, CITRON, CUMIN & GOMASIO

20' COMMENCER PAR CUIRE LES FEUILLES DE KALE EN LES METTANT DANS LE PANIER VAPEUR PENDANT 10-15 MINUTES (VÉRIFIER QU'ELLES SOIENT BIEN TENDRES AVANT DE LES ENLEVER). PENDANT QU'ELLES CUISENT, ÉCRASER (À LA FOURCHETTE) LES HARICOTS BLANCS AVEC 1 C. À S. DE GOMASIO, UNE GÉNÉREUSE DOSE D'HUILE D'OLIVE & PAS MAL DE JUS DE CITRON.

05' DÈS QUE LE KALE EST CUIT, L'ASSAISONNER À CHAUD EN LE MÉLANGEANT AVEC DU CUMIN & DE L'HUILE D'OLIVE PUIS METTRE DE CÔTÉ.

00' TOASTER & DÉTAILLER LES TARTINES PUIS, SUR CHAQUE MORCEAU, AJOUTER UNE COUCHE DE HARICOTS ÉCRASÉS & QUELQUES FEUILLES DE CHOU AVANT DE RÂPER LA MIMOLETTE DESSUS.

+ PIMENT D'ESPELETTE

HARICOTS BLANCS GOMASIO, CHOU KALE & MIMOLETTE

20'

UNE BONNE RAISON D'AIMER L'HIVER

2 BELLES TRANCHES DE **PAIN DE SEIGLE**
QUELQUES TRANCHES DE **POTIMARRON**
UNE GROSSE POIGNÉE DE **CHAMPIGNONS**
+ 4 ÉPICES, HUILE D'OLIVE & FLEUR DE SEL
2 GROSSES C. À S. DE **FROMAGE BLANC**
+ AIL, POIVRE & HUILE D'OLIVE

30' BIEN ENROBER LES LÉGUMES AVEC LES ÉPICES, DE L'HUILE D'OLIVE & UNE PINCÉE DE FLEUR DE SEL AVANT DE LES ENFOURNER POUR 20 MIN DANS LE FOUR PRÉCHAUFFÉ À 180 DEGRÉS. SINON, CUIRE LES LÉGUMES À LA POÊLE (AVEC UN FOND D'EAU & UN COUVERCLE) OU À LA VAPEUR PENDANT UNE DIZAINE DE MINUTES.

05' FAIRE GRILLER LES TRANCHES DE PAIN POUR LES RENDRE BIEN CROUSTILLANTES & PRÉPARER LA SAUCE EN MÉLANGEANT LE FROMAGE BLANC AVEC L'AIL, LE POIVRE & L'HUILE D'OLIVE.

00' POUR SERVIR, ÉTALER SIMPLEMENT LA SAUCE SUR LE PAIN GRILLÉ AVANT D'Y DISPOSER QUELQUES MORCEAUX DE LÉGUMES AUX ÉPICES.

+ SAUGE & PIGNONS DE PIN

POTIMARRON AUX 4 ÉPICES, CHAMPIGNONS & SAUGE

30'

POUR PRÉPARER SON APÉRIKIF

ON SE FOURNIT AUTANT QUE POSSIBLE AUPRÈS DE SES COMMERÇANTS INDÉPENDANTS. AYEZ CONFIANCE, VOTRE APÉRIKIF N'EN SERA QUE MEILLEUR POUR TOUT LE MONDE!

EN VILLE, DE NOMBREUX COMMERÇANTS DE QUARTIER TRAVAILLENT À PROPOSER DES PRODUITS DE QUALITÉ, À PRIX JUSTE, DANS UN RAPPORT À ÉCHELLE HUMAINE. PARTOUT EN FRANCE, LES MARCHÉS DE PRODUCTEURS PERMETTENT DE S'APPROVISIONNER, SANS INTERMÉDIAIRE, EN INGRÉDIENTS BRUTS DE QUALITÉ, RESPECTUEUX DE LA SANTÉ DES TERRES AUTANT QUE DE CELLE DES HOMMES. LES AMAP SONT ÉGALEMENT UNE BONNE FAÇON DE FAIRE.

SITE INTERNET & FUTURE APPLICATION, *LE MARCHÉ VERT* RECENSE, SUR UNE CARTE COLLABORATIVE, DE NOMBREUX POINTS DE VENTE DE PRODUCTEURS & COMMERCES EN CIRCUIT COURT SUR L'ENSEMBLE DU TERRITOIRE FRANÇAIS.

CERTAINS MAGASINS BIO SONT MEILLEURS QUE D'AUTRES. VEILLEZ À CHOISIR CEUX QUI PROPOSENT UN MAXIMUM DE PRODUITS EN VRAC & EN APPROVISIONNEMENT LOCAL. LES *BIOCOOP*, INDÉPENDANTES, S'ENGAGENT DANS UNE DÉMARCHE ÉTHIQUE & RESPONSABLE & ONT L'AVANTAGE DE REGROUPER TOUS LES PRODUITS NÉCESSAIRES EN LEUR SEIN (FRUITS, LÉGUMES, CRÈMERIE, ÉPICERIE VRAC, ETC.).

LA VARIÉTÉ, C'EST LA SANTÉ!

JE REMERCIE TOUT PARTICULIÈREMENT LES DIFFÉRENTS COMMERÇANTS CHEZ QUI J'AI REMPLI MON PANIER POUR RÉALISER LES DIFFÉRENTES RECETTES DE CE LIVRE :

LA *BOULANGERIE MAMICHE* POUR SES DIFFÉRENTS PAINS PÉTRIS DE BONNE HUMEUR, MAIS AUSSI *LE PETIT GRAIN, ATELIER P1, SAIN* OU ENCORE *MAISON SAINT-HONORÉ*.

LES FROMAGERIES *LA LAITERIE DE PARIS* & *AU LAIT CRU*.

LES ÉPICERIES *LE ZINGAM, AU BOUT DU CHAMP, MIYAM, L'ÉPICERIE DES ENVIRONS, LE PANIER CITADIN* & *LA RUCHE QUI DIT OUI* POUR LEURS FRUITS & LÉGUMES TELLEMENT BONS QU'IL SUFFIT D'UN RIEN POUR LES TRANSFORMER EN DE DÉLICIEUSES PRÉPARATIONS.

INDEX DES RECETTES

INDEX DES RECETTES

24, RUE DE MOGADOR
75009 PARIS
TÉL. : 01 48 05 03 03
FAX : 01 48 05 02 04
WWW.EDITIONS-ULMER.FR

RETROUVEZ-NOUS SUR FACEBOOK & INSTAGRAM

POLICE DE CARACTÈRES, MAQUETTE & RÉALISATION : CLARA VUCHER
RESPONSABLE ÉDITORIALE : RAPHAÈLE DORNIOL
IMPRESSION : PRINTER TRENTO, SRL
ISBN : 978-237922-149-1
N° D'ÉDITION : 149-01

DÉPÔT LÉGAL : MARS 2021
PRINTED IN ITALY

FSC
www.fsc.org
MIXTE
Papier issu de
sources responsables
FSC® C015829